VOL. 56

Dados Internacionais de Catalogação na Publicação (CIP)
(Câmara Brasileira do Livro, SP, Brasil)

Kunsch, Margarida Maria Krohling
 Relações públicas e modernidade: novos paradigmas na comunicação organizacional / Margarida Maria Krohling Kunsch. – São Paulo : Summus, 1997. — (Coleção Novas buscas em comunicação; v. 56)

 Bibliografia.
 ISBN 85-323-0604-7

 1. Comunicação nas organizações 2. Relações públicas – Empresas I. Título. II. Série.

97-1837   CDD-659.28

Índice para catálogo sistemático:
1. Relações Públicas: Comunicação organizacional: Empresas   659.28

Compre em lugar de fotocopiar.
Cada real que você dá por um livro recompensa seus autores
e os convida a produzir mais sobre o tema;
incentiva seus editores a encomendar, traduzir e publicar
outras obras sobre o assunto;
e paga aos livreiros por estocar e levar até você livros
para a sua informação e o seu entretenimento.
Cada real que você dá pela fotocópia não autorizada de um livro
financia o crime
e ajuda a matar a produção intelectual de seu país.

RELAÇÕES PÚBLICAS E MODERNIDADE

NOVOS PARADIGMAS NA COMUNICAÇÃO ORGANIZACIONAL

Margarida Maria Krohling Kunsch

summus editorial

RELAÇÕES PÚBLICAS E MODERNIDADE
Novos paradigmas na Comunicação Organizacional
Copyright © 1997 by Margarida Maria Krohling Kunsch
Direitos desta edição reservados por Summus Editorial

Capa: **Roberto Strauss**
Edição de texto: **Waldemar Luiz Kunsch**
Impressão: **Sumago Gráfica Editorial Ltda.**

Summus Editorial
Departamento editorial:
Rua Itapicuru, 613 – 7º andar
05006-000 – São Paulo – SP
Fone: (11) 3872-3322
Fax: (11) 3872-7476
http://www.summus.com.br
e-mail: summus@summus.com.br

Atendimento ao consumidor:
Summus Editorial
Fone: (11) 3865-9890

Vendas por atacado:
Fone: (11) 3873-8638
Fax: (11) 3873-7085
e-mail: vendas@summus.com.br

Impresso no Brasil

*Aos pioneiros e aos que os seguiram
na árdua missão de construir o corpo teórico
e configurar a prática das Relações Públicas e da
Comunicação Organizacional no Brasil.*

*A meus colegas do meio acadêmico
e do campo profissional, com quem
tenho a ventura de compartilhar experiências na
produção e difusão do saber nessas áreas.*

*A Waldemar,
Adriana, Graziela e Clarice,
parceiros de jornada no
caminho da comunicação.*

MARGARIDA M. K. KUNSCH

Doutora em Ciências da Comunicação, é professora livre-docente da Escola de Comunicações e Artes e assessora da Coordenadoria da Comunicação Social da Universidade de São Paulo. Cumpre atualmente o mandato de presidente da Alaic — Asociación Latinoamericana de Investigadores de la Comunicación (1998-2001), além de integrar o Conselho Internacional da Iamcr — International Association for Media and Communication Research (1996-2000) e o Conselho Superior de Comunicação da Aberje — Associação Brasileira de Comunicação Empresarial (a partir de 1997). Anteriormente, exerceu funções diretivas em diversas entidades de comunicação, com destaque para a de presidente da Intercom — Sociedade Brasileira de Estudos Interdisciplinares da Comunicação — por dois períodos (1987-1989; 1991-1993). É autora de quatro obras sobre comunicação, relações públicas e comunicação organizacional, além de organizadora de onze coletâneas de temas comunicacionais.

SUMÁRIO

Prefácio 11

Introdução 15

CAPÍTULO 1
Relações Públicas:
Uma Análise Crítica de Sua Trajetória no Brasil 19
I. Década de 1950: os fatos que fizeram história 19
II. Década de 1960: As amarras de uma legislação 22
III. Década de 1970: sob uma euforia ilusória 29
IV. Década de 1980: grandes transformações 31
V. Década de 1990: um cenário de desafios 39
VI. Produção científica em relações públicas 44
Apêndice: Cronologia dos principais fatos da história das
relações públicas no Brasil 47

CAPÍTULO 2
Comunicação Organizacional:
Um Exame de Seu Processo Histórico no Brasil 55
I. Antecedentes 55
II. A experiência brasileira 56
III. Mercado e perspectivas 65
IV. Principais conceitos 66
V. Produção científica em comunicação organizacional 69

CAPÍTULO 3
Relações Públicas e Comunicação Organizacional
na Experiência e na Voz do Mercado 73
Primeira Parte: Investigando as interfaces de um sistema 74
I. Proposta de estudo 75
II. Metodologia de trabalho 76
III. Fontes teóricas 79

IV. Fontes Práticas 80

Segunda Parte: Ouvindo a voz da experiência 81

I. Profissionais de relações públicas 81

II. Profissionais de comunicação organizacional 85

Terceira Parte: A palavra da realidade 90

I. Associações/sindicatos de relações públicas e comunicação
organizacional 90

II. Associações/sindicatos afins de comunicação social e
relações públicas 91

III. Empresas de comunicação social e relações públicas 93

IV. Empresas de jornalismo, rádio e televisão 95

V. Agências de propaganda 96

VI. Organizações em geral 97

Quarta Parte: Análises e conclusões 100

I. Considerações sobre os resultados 100

II. Evidências confirmadas 101

CAPÍTULO 4
Relações Públicas:
Em Busca de Novos Paradigmas 105

I. Ciência social aplicada 105

II. Quatro modelos de relações públicas 109

III. A excelência na comunicação 112

IV. Relações públicas na comunicação integrada 114

V. Relações públicas e marketing 122

VI. Canal livre entre a organização e os colaboradores 128

CAPÍTULO 5
Relações Públicas e Comunicação Organizacional:
No Caminho da Modernidade 135

I. O que é modernidade? 136

II. Perfil da sociedade contemporânea 136

III. Modernidade e comunicação 139

IV. Relações públicas nas organizações modernas 141

V. Um discurso regido pela integridade 144

VI. Formação e reciclagem do profissional 145

VII. O profissional de relações públicas moderno 146

Conclusão Geral 149

Bibliografia 151

Outros poderão achar
O que, no nosso encontrar,
Foi achado, ou não achado,
Segundo o destino dado.

Fernando Pessoa

Ser moderno é encontrar-se
em um ambiente que promete
aventura, poder, alegria,
crescimento, autotransformação e
tranformação das coisas em redor.

Marshall Berman

PREFÁCIO

No princípio, havia o verbo, mas faltava a verba. Depois, os verbos se multiplicaram e as verbas se dividiram. A leitura do precioso livro-tese de Margarida Kunsch sugere-nos a criação metonímica. Pois foi mais ou menos assim que se desenvolveu a história da comunicação empresarial no Brasil nos últimos trinta anos. No final da década de 1960, na esteira da industrialização do Sudeste, a palavra começou a correr solta, com as empresas abrindo a locução. Queriam dizer aos colaboradores que deveriam orgulhar-se do lugar onde trabalhavam. E demonstrar aos consumidores que fabricavam produtos de qualidade, sendo honestas e confiáveis.

Mas o dinheiro corria curto e não dava para fazer comunicação interna e externa com a mesma força. O surto industrial e as multinacionais sofisticaram e ampliaram os modelos discursivos e as estratégias persuasivas, ensejando a repartição dos programas de comunicação, o adensamento e a divisão das verbas. Hoje, o país exibe alguns dos mais arrematados sistemas de comunicação organizacional do mundo, dando-se ao luxo de ter alguns de seus produtos – canais e campanhas – indicados para outros países como exemplos de excelência técnica.

A fresta da janela mostra os iniciantes passos do passado. O jornalzinho com cara de coluna social. A Aberje fazendo sua primeira convenção com o enfoque da comunicação interna. Os primeiros perfis dos profissionais de relações públicas, muito bem arrumados e sempre próximos ao presidente da empresa. O bem aparelhado sistema dos governos militares, pólo emissor de uma comunicação ufanista, que, de alguma forma, balizou as linguagens grandiloqüentes da comunicação empresarial na década de 1970. Os Conrerps abrindo frentes de batalhas com os jornalistas, que começavam a ocupar assentos considerados seus pelos profissionais de relações públicas. Os embates entre as áreas que, dentro das empresas, lutavam pelo comando da comunicação.

O campo abria-se com muitas perspectivas. De um lado, apresentava-se a urgência de as empresas exporem suas identidades, na tentativa de criar imagens compatíveis com o surto de modernização, e, de outro, a meta de inte-

11

gração interna. A partir dessa dupla escala de necessidades, desdobravam-se os esforços e, em conseqüência, as visões diferenciadas em torno de estruturas capazes de assumir, com mais competência, as missões. Relações públicas, em função de suas raízes históricas, esteve voltada prioritariamente para a área externa, planejando e alavancando as estratégias de projeção imagética. Recursos humanos fincou pé, conseguindo, no início, definir espaços para o desenvolvimento de programas de comunicação interna. Esta, por bastante tempo, esteve sob a sua alçada, gerando disputas com relações públicas.

O mercado de trabalho jornalístico começava a dar sinais de saturação. Ainda se vivia sob o clima do "jornalismo revolucionário", que atraía jovens interessados em abrir frentes de batalhas contra os imperialistas, o poder econômico, as grandes estruturas. Para eles, o mundo dividia-se praticamente entre bons e maus, oprimidos e opressores, esquerdistas e direitistas. Nas camadas intelectuais e nas rodas de pensamento, os rótulos freqüentemente resvalavam pela classificação comparativa entre apocalípticos e integrados, sendo os meios jornalísticos os mais energizados pelas novas linguagens. Por isso mesmo, o setor empresarial assemelhava-se a territórios da indecência, da aética, da corrupção, do poder de cooptação – um inferno, por assim dizer. Ser assessor de imprensa era algo como imprimir na testa o selo de "vendido ao capitalismo internacional".

Nesse contexto, tivemos a ousadia de enfrentar o "paredão da moralidade", que, na verdade, nada mais era que um conjunto de preconceitos contra o capital. Há de se dizer que, na década de 1970, ainda se pregava a luta de classes e as relações capital-trabalho apresentavam-se como um jogo de soma zero, em que a vitória de um deveria significar a morte de outro. Parceria, integração, trabalho comum eram verbetes sem direito a entrar nas páginas da negociação coletiva. Os manuais dos trabalhadores e dos empresários tinham alfabetos diferentes. Era, portanto, um desafio inimaginável, quase um suicídio, alguém da área acadêmica optar por um exercício reflexivo na área empresarial. Pior ainda quando essa reflexão comunicativa se dava no âmbito do maior centro de produção científica do país, pólo de excelência do pensamento, a Universidade de São Paulo.

Pois foi exatamente em sua Escola de Comunicações e Artes que ousamos realizar os nossos trabalhos acadêmicos de doutorado e livre-docência, orientados, inicialmente, para a sistematização do jornalismo e da comunicação empresarial e, posteriormente, para a construção de modelos integrados como definidores da eficiência e eficácia organizacional. A partir daí, iniciamos um longo percurso na área de formação de alunos (graduação) e professores (pós-graduação), dando-se contornos a disciplinas específicas em várias universidades e passando-se à produção de dissertações e teses acadêmicas. O mercado de trabalho passou a receber corpos funcionais preparados, alguns dos quais chegaram a galgar postos elevados nas estruturas profissionais da comunicação empresarial.

Os velhos preconceitos foram caindo, um a um. As querelas entre os profissionais de relações públicas e os de jornalismo refluíram, principalmente porque o corporativismo cedeu lugar ao conceito de competência. As empresas passaram a contratar profissionais pelo critério de qualidade, não mais exigindo categorizações exclusivas. Os modelos comunicacionais tornaram-se mais complexos. Criaram-se subáreas. Setores de marketing, historicamente muito arredios, se aproximaram. Programas e projetos comuns passaram a ser concebidos e desenvolvidos. E até os mais renitentes "pensadores" contrários à atividade deixaram suas posições, alguns (professores, principalmente) ingressando em empresas e órgãos públicos para realizar exatamente programas de... comunicação empresarial. Já alertavam nossos avós: "Nunca digas que desta água não beberás".

Hoje, a comunicação empresarial está consolidada, nas estruturas, nas linguagens, na configuração dos veículos, nos programas, bem como na profissionalização dos quadros. O resultado é esta bela radiografia, tão bem pesquisada e definida pela professora Margarida. Trata-se de uma obra que merece estar na bibliografia de todos os cursos de relações públicas e comunicação empresarial. Aliás, pelo vínculo que tem com todas as subáreas, ela é um guarda-chuva que acolhe todos aqueles que pretendem estudar fenômenos da comunicação especializada.

Margarida é uma pesquisadora atenta e dedicada. Seu livro abre novas janelas na grande porta da comunicação organizacional, a partir do resgate das fases, dos modelos, das designações, das estruturas e dos panos de fundo que marcam a trajetória das relações públicas e da comunicação empresarial no Brasil.

Francisco Gaudêncio Torquato do Rego
Professor-titular da Universidade de São Paulo,
Consultor Político e de Comunicação Organizacional

INTRODUÇÃO

Apresentar as relações públicas na modernidade da comunicação organizacional, analisando as interfaces entre as duas áreas, o que é uma comunicação "excelente" e quais seus novos paradigmas, especialmente na realidade brasileira, é a proposta básica desta obra. Ela redimensiona, amplia e enriquece nossa tese de livre-docência, defendida em fins de 1996 na Escola de Comunicações e Artes da Universidade de São Paulo, sob o título "As relações públicas e suas interfaces com a comunicação organizacional no Brasil". É um tema ao qual nos temos dedicado nos últimos vinte anos, tanto na profissão quanto na área acadêmica. Acreditamos que ele mereça ser mais estudado, tanto nas escolas como no mercado, buscando-se suas bases nas ciências sociais aplicadas, entre as quais a comunicação, para a elaboração e o burilamento de conhecimentos novos e mais consistentes.

Nossa intenção foi registrar algumas reflexões sobre os passos das relações públicas e da comunicação organizacional no Brasil, resgatando aspectos relevantes que perpassam sua história e lançando novas idéias sobre qual deve ser a atuação das relações públicas nas organizações modernas, ou seja, esclarecer qual deve ser a função estratégica dessa área no conjunto da comunicação integrada.

As organizações, como microssociedades, fazem parte do sistema social global, achando-se sujeitas a todas as turbulências ambientais provocadas por uma sociedade envolvida, de forma crescente, no fenômeno da globalização, e que exigirão respostas cada vez mais rápidas no que se refere à comunicação. Esta tem de ser pensada e administrada "excelentemente". Estariam as relações públicas preparadas para assumir e conduzir esse processo? São questões que nos inquietam e para as quais, como resultado do estudo, da prática e de muita reflexão, conseguimos delinear algumas propostas, desenvolvidas ao longo das próximas páginas.

O livro, além da fundamentação teórica, balizada na literatura mais recente, nacional e estrangeira, e em documentos específicos de relações públicas, comunicação organizacional e outros campos ligados à temática, baseia-se também em uma pesquisa de opinião realizada junto a segmentos profissionais e organizacionais.

No Capítulo 1, fazemos uma análise crítica dos fatos responsáveis pela trajetória das relações públicas no Brasil ao longo das quatro décadas passadas, e mostramos o cenário desafiador da década de 1990, que exigirá dessa área um posicionamento novo e mais decidido, para a definição de uma identidade mais forte que possa ser de fato reconhecida pela sociedade.

No Capítulo 2, examinamos o processo histórico da comunicação organizacional do Brasil e mostramos como esta foi evoluindo nas empresas e nas organizações em geral. Enfatizamos, nesse contexto, o papel que têm representado, para o seu desenvolvimento, a Associação Brasileira de Comunicação Empresarial (Aberje) e a Programação e Assessoria Editorial (Proal). Além disso, enfocamos o mercado e a produção científica da área. Discorremos ainda sobre as nomenclaturas usadas para sua designação, firmando nossa opção, amadurecida há mais tempo, pela expressão comunicação "organizacional", usada no título e ao longo das páginas.

No Capítulo 3, tratamos da contribuição das relações públicas para o desenvolvimento da comunicação organizacional no Brasil. Para tanto, além do estudo da bibliografia pertinente, valemo-nos principalmente de uma pesquisa junto ao mercado profissional, que teve por objetivo ouvir a voz da experiência e delinear um retrato da realidade. Nosso intuito era obter um número expressivo de depoimentos sobre o desempenho das Relações Públicas e as interfaces entre elas, a comunicação de marketing, a comunicação interna e, sobretudo, essa área mais abrangente que é a da comunicação organizacional. Os dados colhidos foram muito proveitosos e certamente poderão servir de subsídio para outras reflexões, além das ali expostas.

No Capítulo 4, fomos à busca de novos paradigmas para as relações públicas, em uma tentativa de repensar a área como um todo. A nosso ver, esta passa por um redimensionamento conceitual que toma por base seus fundamentos nas ciências sociais aplicadas. Os estudos teóricos específicos encontrados na bibliografia nacional precisam ser questionados, para que se consiga um avanço científico que repercuta no aperfeiçoamento da prática. Em função disso, também fomos perscrutar obras estrangeiras muito atuais, especialmente os trabalhos que vêm sendo levados a efeito, desde 1982, pela International Association of Business Communicators, sob a liderança do norte-americano James E. Grunig, talvez o maior nome das relações públicas no momento. Escritor prolífico, ele, isoladamente ou em conjunto com outros autores, como, por exemplo, Todd Hunt, brindou-nos com obras de fôlego sobre as bases da chamada "comunicação excelente", que tem por modelo ideal o chamado "simétrico de duas mãos".

No Capítulo 5, que pode ser considerado como que uma conseqüência dos anteriores, principalmente do Capítulo 4, procuramos ver as relações públicas e a comunicação organizacional no caminho da modernidade, esboçando algumas reflexões sobre o novo panorama que se descortina para a área dentro da perspectiva da contemporaneidade e da aproximação do século XXI. Vivemos hoje em uma conjuntura de verdadeira revolução da sociedade, da comunicação e da mídia, nessa nação-mundo que vai se formando. Novas posturas estão sendo exigidas de todos os envolvidos. Por isso, ressaltamos que os agentes dessa área, os profissionais que liderarão uma comunicação "integrada" e "excelente", assim como as organizações que dela se valerão, devem pautar-se, mais do que nunca, pela estratégia, pela ética e pela responsabilidade.

A última parte ficou reservada para a conclusão geral a que chegamos, deixando que os próprios leitores apreendam uma série de outras ponderações ao percorrerem os diversos capítulos.

Como sempre, é preciso reconhecer que esta não é uma obra que dá o assunto por encerrado, mormente se for levado em consideração o que expomos sobre a dinâmica de um paradigma, no quarto capítulo. Ela é fruto de uma vivência, de uma militância e de muitas paradas para reflexões sobre as relações públicas e a comunicação organizacional. Trata-se de uma peça que construímos para ser estudada, debatida, aprofundada e incessantemente enriquecida. É dessa forma que se promove o avanço em qualquer campo do conhecimento.

Para as relações públicas, está na hora de "pensar grande", de espelhar-se em uma nova visão de mundo, de abandonar questiúnculas periféricas e de agir em um macronível. Só assim elas serão capazes de recuperar seu conceito, de engendrar novas estratégias, de administrar efetivamente a comunicação organizacional. Eis aí um grande desafio para quem se dispõe a enfrentar decididamente o próximo milênio, entrando definitivamente na modernidade.

CAPÍTULO 1

RELAÇÕES PÚBLICAS: UMA ANÁLISE CRÍTICA DE SUA TRAJETÓRIA NO BRASIL

Nossa proposta, aqui, é fazer uma breve retrospectiva histórica sobre as relações públicas, sem a preocupação com uma abordagem minuciosa e detalhada. Muitos estudiosos da área já se encarregaram disso.[1] Pretendemos apenas analisar os fatos mais relevantes que marcaram uma época, mesclando os dados colhidos de fontes documentais com os que foram obtidos na pesquisa sobre "A Contribuição das Relações Públicas para o Desenvolvimento da Comunicação Organizacional no Brasil", a ser descrita no Capítulo 3. No final do presente capítulo, em forma de apêndice, apresentaremos uma síntese cronológica das relações públicas no Brasil.

Estas surgiram em nosso meio no dia 30 de janeiro de 1914. Nessa data, a empresa canadense de eletricidade The São Paulo Tramway Light and Power Company Limited, hoje Eletricidade de São Paulo S.A. (Eletropaulo), criou um departamento de relações públicas, tendo à frente Eduardo Pinheiro Lobo, patrono da profissão no país. No entanto, apesar de algumas iniciativas isoladas anteriores na esfera governamental, seu desenvolvimento só viria a ocorrer a partir de meados deste século, conforme será analisado a seguir.

I. DÉCADA DE 1950: OS FATOS QUE FIZERAM HISTÓRIA

A década de 1950 pode ser considerada como uma alavanca para o florescimento da área de relações públicas. Muitos fatos aconteceram. Vale a pena relembrá-los.

O Brasil respirava de novo os ares da democracia, graças à Constituição de 1946, e entrava em um processo de transformação da produção, com os presidentes Getúlio Vargas e, principalmente, Juscelino Kubitschek de Oliveira. Delineava-se então uma nova conjuntura econômica, incentivada por uma política industrial desenvolvimentista que trouxe para cá muitas empresas multinacionais, com o conseqüente desenvolvimento do mercado interno.

Paralelamente, também a área de comunicação passa a tomar outros rumos. Surgem as primeiras transmissões televisionadas. Aparece o rádio transistor. Formam-se os conglomerados de jornais, revistas e rádios – os de televisão só ocorreriam a partir da década de 1960. As agências de propaganda começam a consolidar-se. Nascem os institutos de pesquisa de opinião e de mercado (Ibope, Marplan etc.). E a área de relações públicas instala-se como atividade empresarial.

As multinacionais trouxeram consigo uma cultura de valorização da comunicação, sobretudo das áreas de propaganda, publicidade e relações públicas. No que se refere a estas, muitas empresas, sobretudo as do ramo automobilístico, reproduziram aqui as experiências já vivenciadas em seus países de origem, criando os primeiros departamentos do setor, que começou a se firmar como responsável pela comunicação empresarial, às vezes até em nível de diretoria.

Para atender a seus grandes clientes, que queriam serviços especializados de relações públicas, as maiores agências de propaganda incluíram em seus organogramas divisões específicas para a área. Estas viriam a constituir-se em celeiros de grandes profissionais que, nas décadas seguintes, montariam suas próprias assessorias ou empresas de relações públicas.

Como exemplo, e até para homenageá-lo *in memoriam*, cite-se o caso de Valentim Lorenzetti, que pode ser considerado um dos maiores profissionais de relações públicas que o Brasil já teve. Ele atuou exatamente em uma divisão desse tipo, na multinacional Thompson, e mais tarde abriu sua própria empresa de consultoria, a LVBA Comunicação Ltda., que em 1995 ocupou a terceira posição no elenco das empresas de relações públicas do país.[2]

1. O Começo da Sistematização

Outros fatos marcariam o início da aplicação efetiva das técnicas de relações públicas nas organizações na década de 1950.

Em 1951, a Companhia Siderúrgica Nacional, em Volta Redonda, RJ, constituiu o primeiro Departamento de Relações Públicas autenticamente nacional, chefiado por Evaldo Simas Pereira, visto hoje como o precursor da linha administrativa em relações públicas.

A primeira empresa seria a Companhia Nacional de Relações Públicas e Propaganda. Fundada em 10 de outubro de 1952, em São Paulo, por Inácio Penteado da Silva Teles e Romildo Fernandes, ela foi a pioneira na prestação de serviços de comunicação social no Brasil.

Em 1953, instala-se entre nós o primeiro curso regular de relações públicas. Promovido pela Escola de Administração Pública da Fundação Getúlio Vargas, do Rio de Janeiro, sob o patrocínio da Organização das Nações Unidas, ele foi ministrado pelo professor norte-americano Eric Carlson, tendo como intérprete Sylla M. Chaves, um dos participantes, juntamente com outros professores e profissionais de várias partes do Brasil.[3]

20

A partir de então, alguns profissionais atuantes, que contavam também com o apoio de organizações como a escola há pouco citada, o Instituto de Administração da Universidade de São Paulo e o Instituto de Organização Racional do Trabalho (Idort), de São Paulo, dariam início às primeiras iniciativas no sentido de sistematizar, valorizar e divulgar a atividade no Brasil.[4] Em março de 1954, esse "Grupo de Relações Públicas" formou uma equipe que teria por atribuição estudar a viabilização de uma associação de caráter estritamente profissional, voltada para aqueles objetivos.

2. Surge a Primeira Associação

Os trabalhos prosseguiram, o núcleo foi ampliado e, já no dia 21 de julho de 1954, subscrevia-se a ata de constituição da Associação Brasileira de Relações Públicas (ABRP), cujos estatutos seriam aprovados e registrados oficialmente no mês seguinte, no dia 18 de agosto.[5] Passam por fundadores da entidade: Hugo Barbieri, Mário Sassi, David Augusto Monteiro, Álvaro Roberto Mendes Gonçalves, Raul F. Dias de Toledo, Fábio T. Carvalho, Jonas Znyder, Pedro Marcus Mourão, Murilo Mendes, Inácio Penteado da Silva Telles, Ubirajara Martins de Souza, J. B. Martins Ramos, Wlademir Borba, Mário da Silva Brito, Alberto Rovai, José Rolim Valença, Isídio Bueno Campos Sobrinho, Nelson Speers, Henrique Beck Jr., Marcilio Cunha Steffen, Saulo Guimarães, May Nunes de Souza, Genivaldo Wanderley Rocha, Nelson Campos Nóbrega, Hércules T. Clemente, Roberto Guillermo Sutton e Anibal Bonfim. De sua primeira diretoria, destaquem-se os cargos de presidente (Hugo Barbieri), vice-presidente (Ubirajara Martins) e primeiro-secretário (May Nunes de Souza).

A criação dessa associação representou um marco para a história das relações públicas na década de 1950. As diretorias que se sucederam exerceram um papel fundamental para a correta compreensão do real significado da profissão. Com esse objetivo, realizaram-se congressos, cursos e seminários, além de se fomentar o intercâmbio com outros países. Já em 1955, por exemplo, ocorreria outro curso com um professor norte-americano, Harwood Childs, da Universidade de Princeton, também trazido pela Fundação Getúlio Vargas.

No entanto, a ABRP sofreria um pequeno abalo na década de 1960, quando, em 1964, uma ala dissidente da Seção do Estado de São Paulo criou a Associação dos Executivos de Relações Públicas (AERP). Esta, segundo Xavier de Oliveira, foi autora de um projeto apresentado à Câmara dos Deputados com o propósito de instituir como "Dia Nacional de Relações Públicas" o dia 20 de abril, data de nascimento do Barão do Rio Branco, "que, como é sabido, foi um ótimo diplomata, mas nunca ouviu falar de relações públicas". Além disso, ela organizava periodicamente o programa de "Homem de Relações Públicas do Ano". Os dois primeiros premiados (1963 e 1964) foram, respectivamente, Edmundo Monteiro, dos Diários Associados, e

Henning A. Boilesen, da Associação Comercial e do Centro das Indústrias do Estado de São Paulo, "que podem ser errepeanos, talvez no sentido lato (...), mas não no sentido estrito".[6] Esta tendência encontra explicação em uma informação que nos foi passada por João Alberto Ianhez, um dos participantes da entidade: esta tinha um programa na televisão dos Diários Associados, além de seu incentivador ter sido José Roberto Whitaker Penteado, que ministrava cursos de relações públicas e comunicação humana na Associação dos Dirigentes de Vendas do Brasil (ADVB). A AERP teve vida curta.

Outro problema seria enfrentado pela ABRP também na década de 1970, em razão de uma nova performance de seu perfil diretivo, conforme relata José Rolim Valença:

> Na gestão de Hernâni Donato, criei, juntamente com Carlos Eduardo Mestieri, um pequeno comitê para a aquisição da sede própria. Um projeto ambicioso, que, partindo do nada, dependeu enormemente do trabalho individual do major Ruy Barbosa, então titular de relações públicas da Sears. Quase sozinho, ele levantou os fundos entre as grandes empresas de São Paulo, o que nos permitiu adquirir um pequeno apartamento na rua Augusta, onde instalamos a secretaria, a sala de reuniões, a tesouraria e o precioso telefone. Ao final da gestão daquela diretoria, todas as dívidas haviam sido pagas e a sede foi entregue sem ônus algum à diretoria seguinte, e conservando em caixa os mesmos fundos que havíamos recebido. Mal se podia imaginar que essa vitória representaria, mais tarde, uma mudança muito grande na entidade. Pelo fato de agora ser uma associação adulta, independente, financeiramente forte, passou a ser politicamente cobiçada. Os profissionais, todos homens de negócios sem experiência política, foram sistematicamente alijados da administração e a entidade esvaziou-se profissionalmente, perdendo todo o brilho conquistado pelos entusiasmados profissionais que a haviam criado e transformando-se em algo que nem de longe reflete o profissionalismo, o dinamismo e a atualização técnica da profissão no Brasil.[7]

São esses os principais eventos da década de 1950, que evidenciam a implantação de sólidos alicerces no campo das relações públicas.

II. DÉCADA DE 1960: AS AMARRAS DE UMA LEGISLAÇÃO

A década de 1960 é assinalada pela emissão da lei nº 5.377, de 11 de dezembro de 1967, que, regulamentada em 26 de setembro de 1968 e aprovada no mesmo dia pelo decreto-lei nº 63.283, tornou a atividade privativa dos bacharéis de comunicação social com habilitação em relações públicas. Trata-se, sem dúvida, do fato mais marcante da década, comemorado na época por seu pioneirismo, pois o Brasil foi o primeiro país do mundo a tomar tal iniciativa. Mas esta, como logo seria dado a perceber, acabou se constituindo em sério obstáculo para o crescimento e a consolidação da área.

Na pesquisa que fizemos junto aos segmentos profissionais e organizacionais, conforme veremos no Capítulo 3, houve muitos depoimentos incisivos sobre o prejuízo que ela representou para a categoria. A regulamentação da profissão deu-se de forma prematura, pois esta ainda não havia se firmado nem na teoria nem na prática, ou seja, não era reconhecida pelo meio acadêmico e pela sociedade, apesar dos esforços feitos nesse sentido, por exemplo, pela ABRP. Suas atividades ainda eram muito confundidas com outras levadas a efeito no mercado e que possuíam uma imagem bastante negativa. Vem daí, aliás, a preocupação de muitos autores nacionais e internacionais em começar dizendo o que não é relações públicas, antes de definir seus conceitos.

José Xavier de Oliveira foi um dos autores que usou esse artifício didático de uma forma curiosa:

> Ao dizer o que relações públicas é, alguns autores preferem dizer o que relações públicas não é. No campo do não-ser das relações públicas, alguns erros são provenientes de verdadeiras deturpações, outros decorrem de certas confusões. E existe, ainda, uma área cinzenta, na qual alguns teóricos ensinam que relações públicas é o que outros teóricos ensinam que relações públicas não é.[8]

Em que pese aos esforços daqueles que lutaram para regulamentar a profissão, esta, por si própria e pelo conteúdo confuso da lei, acabou se apresentando mais como o que ela não é do que como o que realmente é. Vale lembrar, a propósito, a máxima do saudoso Chacrinha: "Quem não comunica, se trumbica". Será que o protagonista do projeto de lei pensou nisso? O que teria acontecido por trás dos bastidores em sua elaboração?

1. Uma Medida Extemporânea

Se recorrermos aos registros históricos e aos depoimentos coletados em nossa pesquisa, veremos que não foi um projeto pensado coletivamente e amadurecido pela própria categoria. Na literatura brasileira sobre relações públicas que conhecemos, apenas José Xavier de Oliveira teve a coragem de descrever e analisar criticamente todo o processo de tramitação no Congresso Nacional. Ele fez severas restrições à maneira precipitada pela qual o assunto foi tratado.[9]

Na verdade, como uma iniciativa isolada, um diretor da seção do então Estado da Guanabara da ABRP preparou um anteprojeto que, transformado no projeto de lei nº 3.275/65, levado a Brasília pelo deputado Hebert Levy, pegou a categoria de surpresa pelas "barbaridades" do texto. O Conselho Nacional da entidade promoveu uma reunião de emergência com alguns membros, revisou às pressas o original e, por meio de seu presidente, Ney Peixoto do Vale, e da seção brasiliense, assessorou o deputado Evaldo de Almeida Pinto na apresentação de um substitutivo, que acabou sendo aprovado.

Em nossa pesquisa, perguntamos se a regulamentação da profissão não teria sido precoce. Muitos dos entrevistados opinaram que sim, mas outros acharam que não, alegando que a conjuntura do país teria levado a isso, algo de que, pessoalmente, discordamos. Tivemos a oportunidade de ouvir pessoas que se envolveram com a questão, direta ou indiretamente. Por isso, acreditamos ser muito oportuno registrar aqui pelo menos dois depoimentos.

Cândido Teobaldo de Souza Andrade afirma:

> Eu vivo dizendo que a lei e sua regulamentação foram prematuras. Reconheço que fui um dos culpados, porque fomos obrigados pelas circunstâncias a fazer aquele "negócio". A "história" começou quando um dos diretores da ABRP do Rio de Janeiro disse ter conversado com seu grande amigo, deputado Herbert Levy, e que este havia concordado em apresentar um projeto de lei para regulamentar a profissão. Sem consultar ninguém, tratou sozinho do assunto. Nós só viemos a saber disso quando o projeto estava no Congresso e já tinha passado por todas as comissões. Ficamos enlouquecidos! Estava em cima da hora para entrar na questão. Conseguimos trazê-lo de volta ao Rio de Janeiro, para estudá-lo melhor. Reunimos um grupo de mais ou menos cinco pessoas, das quais me lembro de Ney Peixoto do Vale e de Caio Amaral. Pode-se imaginar o que significou um dia inteiro sob pressão, debaixo daquele calor carioca, discutindo o tema, escrevendo, alterando, até chegar enfim a um projeto substitutivo... Por sorte, também conseguimos que dois deputados de São Paulo se prontificassem a levá-lo a Brasília. Um era Evaldo Pinto. Não me recordo do nome do outro – só sei que era do Partido Trabalhista Brasileiro (PTB). O substitutivo foi aprovado, entrando no lugar do projeto inicial, que era uma vergonha! Para começar, entre outras bobagens da época, dizia que nós éramos "técnicos de relações públicas"... Mesmo assim, hoje eu descreveria de outra forma as atividades incluídas na lei. Eu deixaria tudo mais claro. Mas naquelas circunstâncias, quando as coisas estavam por estourar, não tínhamos como fazer melhor. Por isso, a regulamentação da profissão de Relações Públicas foi realmente extemporânea.

Ney Peixoto do Vale acrescenta:

> Fui responsável por essa regulamentação, como presidente do então Conselho Nacional da Associação Brasileira de Relações Públicas. Hoje, penitencio-me desse esforço inoportuno. A classe não estava preparada para consolidar a profissão. Com a iniciativa, passou a si mesma um atestado de imaturidade.

Entendemos que a ocorrência representou todo um esforço para institucionalizar as relações públicas no país e afirmá-las no cenário nacional e internacional. E isso exatamente em uma época em que iria acontecer o "IV Congresso Internacional de Relações Públicas", no Rio de Janeiro, de 10 a 14 de outubro de 1967. Foi uma "glória" para a categoria ter conquistado tal façanha, de sediar um evento dessa natureza, depois dos primeiros realizados em países como Bélgica, Itália e Canadá. Certamente, tudo isso, com base em Xavier de Oliveira, criou condições favoráveis para o substitutivo do deputado Evaldo de Almeida Pinto e a lei nº 5.357.[10]

O tempo está mostrando que uma legislação não consegue, por si só, dignificar uma atividade. Esta precisa ter reconhecimento social para ser respeitada. Por isso, repisamos a nossa opinião de que a regulamentação da profissão de relações públicas no Brasil se deu fora de época e mostrouse insuficiente para purificá-la das mazelas e das deturpações conceituais.

José Rolim Valença, um dos fundadores e até há alguns anos proprietário da AAB, que, ainda existente, já foi destacadamente a maior empresa de relações públicas do Brasil, fala hoje do "canibalismo" em que redundou essa legislação. Não faz muito tempo, ele, conhecido por sua competência como profissional multidisciplinar da comunicação e pela agudice e fluência de seu pensamento, publicou um artigo contundente,[11] que vale a leitura. O que ele expõe no mínimo leva o leitor a refletir sobre a questão que ele mesmo coloca logo de início, ou seja, se não *"seria tempo de repensar tudo de novo (...), repensar até se a atividade deveria continuar a existir como profissão".* Ele mesmo se justifica: *"Isso pode parecer heresia ou traição, mas é menos cruel se ter uma desilusão mais cedo do que descobrir mais tarde que viramos dinossauros".*

Rolim Valença diz:

> Houve um exagero de protecionismo e corporativismo que fecharam as fronteiras do "título" de R.P. a qualquer um que não fosse diplomado, embora em termos práticos um diploma nada tenha a ver com o valor ou a eficácia do profissional de comunicações. (...) O canibalismo desse excesso de regulamentação e de burocracia derrubou o telhado sobre os próprios profissionais de comunicação, que finalmente descobriram que não são tão indispensáveis assim.

Essas considerações de Rolim Valença, muito procedentes, perpassam nossa obra, fazendo-se presentes em muitos depoimentos colhidos e em ponderações que fazemos. Nós teremos a oportunidade de nos referir a mais alguns tópicos de seu artigo em análises relativas a outros temas.

Legislação similar só viria a ser promulgada pelo Panamá e pelo Peru, que hoje também estão questionando a validade de se mantê-la.[12] Por que será que os países adiantados do Primeiro Mundo não se preocuparam com isso, como é o caso até dos Estados Unidos, onde o Brasil foi buscar toda a inspiração e os paradigmas acadêmicos e da prática empresarial?

Para não nos alongarmos mais nessas considerações, pois algumas conseqüências negativas da regulamentação serão vistas posteriormente, só queremos mencionar mais um fato que colaborou para a rapidez da aprovação da Lei nº 5.357. Trata-se da vigência, à época, do governo autoritário, de cuja política fazia parte controlar tudo o que se vinculava à comunicação social. Algo semelhante viria a ocorrer com o jornalismo, profissão regulamentada em 1969.

2. A Influência do Regime Vigente

Na década de 1960, até por força do sistema político em vigor a partir da Revolução de 1964, a área de relações públicas, em nosso entender e no de muitos dos profissionais por nós entrevistados, sofreu uma forte influência dos militares. Ela pode ser avaliada como positiva ou negativa. Tudo dependerá de idiossincrasias e dos enfoques sob os quais o assunto for abordado. A história demonstra que de fato houve tal influência. Bastaria citar a criação de departamentos e a publicação de guias e manuais dessa área nos ministérios das Forças Armadas.

Mas o que caracterizaria de maneira mais polêmica a participação militar foi a criação da AERP em 15 de janeiro de 1968, pelo decreto nº 62.119, com competência para administrar toda essa atividade no âmbito do Poder Executivo. Chefiada pelo coronel Octávio Costa, no Governo do General Emílio Garrastazu Médici (1969-1974), ela funcionou como uma verdadeira agência de propaganda política, para "vender" o regime autoritário de forma massiva, disfarçando a censura mais violenta que este país já teve.

O brasilianista Thomas Skidmore afirma:

> Os homens do coronel Costa transformaram a AERP, que não conseguira decolar no governo Costa e Silva, na operação de relações públicas mais profissional que o Brasil já vira. Uma equipe de jornalistas, psicólogos e sociólogos decidia sobre os temas e o enfoque geral, depois contratava agências de propaganda para produzir documentários para TV e cinema, juntamente com matérias para os jornais. Certas frases de efeito davam bem a medida da filosofia que embasava a AERP: "Você constrói o Brasil"; "Ninguém segura este País!"; "Brasil, Conte Comigo!" Um estudo de 116 *spots* contratados com 24 agências de propaganda mostrou que 80% exaltavam a importância do trabalho, o valor da educação e o papel construtivo das Forças Armadas. As mensagens eram razoavelmente sutis, com habilidoso uso de imagens sonorizadas e o emprego de frases extraídas da linguagem popular. Destinavam-se as mensagens, nas palavras do coronel Octávio, a fortalecer "uma saudável mentalidade de segurança nacional", que é indispensável à defesa da democracia e à garantia do esforço coletivo com vistas ao desenvolvimento.[13]

Acreditamos que a atuação agressiva dessa assessoria contribuiu para formar um conceito negativo da essência das relações públicas junto a formadores e multiplicadores de opinião, em um período tão conturbado da vida nacional. Justamente nos meios intelectuais, artísticos, sindicais e da mídia é que a atividade da AERP passou a ser vista como suspeita e enganosa.

Na pesquisa que fizemos, houve quase um consenso na afirmação de que essa interferência do regime militar, tanto na década de 1960 (por meio da AERP) como nas décadas de 1970 e 1980 (por meio da Assessoria de Imprensa e Relações Públicas, (AIRP), da Assessoria de Relações Públicas

(ARP) e da Secretaria de Comunicação Social (Secom), das quais ainda falaremos), contribuiu para criar equívocos sobre o papel das Relações Públicas na sociedade. Entre muitos outros depoimentos obtidos, dois são bastante ilustrativos:

- Os militares que atuaram em relações públicas na área do governo, por terem acesso direto e privilegiado aos dirigentes de empresas, passaram a estes a idéia de que a função representaria um "poder oculto" dentro de suas organizações. E tanto se a louvou que ela viria a se banalizar, em um desgaste sem precedente para nós.

- O desenvolvimento na década de 1960, como na de 1970, ocorreu dentro de uma práxis de convívio um tanto suspeita com o regime vigente. O crescimento das relações públicas deu-se principalmente em razão de dois fatos. Um, o de que a atividade era de interesse dos militares, a ponto de vários gerentes de relações públicas em grandes organizações na época terem sido militares. Outro, o de que a própria estratégia de relações públicas adotada a partir da gestão do General Médici virou um paradigma para todo o serviço público e se reproduziu até mesmo em algumas grandes empresas. Deriva daí a grande expansão desse mercado para os jornalistas, que passaram a ser contratados para a produção de trabalhos de nossa área. Isso levou a uma grande crise entre os profissionais de relações públicas.

Isso mostra que a influência dos militares se deu também na prática das relações públicas no contexto das organizações empresariais, prejudicando seu conceito como parceira de outras áreas da comunicação.

3. Impulsos Empreendedores

Se, por um lado, os dois grandes fatos da década de 1960 (regulamentação da profissão e influência do regime militar), a nosso ver, constituíram-se em sérios óbices ao avanço positivo da área, tal como idealizado pelo "Grupo de Relações Públicas" na década anterior, por outro, também ocorreram iniciativas que, por sua trajetória, conquistaram até hoje o reconhecimento da sociedade. A cronologia das relações públicas no Brasil arrola uma série delas, mas aqui nos limitaremos a apenas três.

Uma foi a criação, em São Paulo, no ano de 1962, da Consultoria de Relações Públicas (AAB), por José Rolim Valença e José Carlos Fonseca Ferreira, vindos, respectivamente, de uma indústria de porte (Ford) e de uma grande agência de propaganda (Thompson). Deixemos que o primeiro a apresente.

A AAB nasceu como um protesto poético de tentar fazer o que dois jovens idealistas achavam que deveria ser a agência perfeita. O engraçado é que, salvo as naturais desilusões, principalmente materiais, (...) grande parte dos objetivos profissionais e éticos foram alcançados. O objetivo (...) era essencialmente o da qualidade, com a filosofia de que, "se o serviço for bom, o cliente vem pagar". E pagou.

[Ela] investiu em gente e em treinamento muito além do que seria considerado razoável. Participava de todas as grandes entidades mundiais, como a PRSA (Estados Unidos) e a IPRA (Europa) e ajudou a fundar a Sociedade Portuguesa de Relações Públicas. Treinava constantemente estagiários, simplesmente com a intenção de colocar mais gente profissional no mercado, mesmo sabendo que eles não fariam carreira na agência.

O trabalho era um laboratório contínuo, testando idéias originais e inovando consistentemente, e isso era um campo ideal para quem estava aprendendo. Em seu histórico, destacam-se o planejamento de campanhas para a indústria farmacêutica, as campanhas educativas grandiosas como as realizadas para o Ministério da Saúde na forma de histórias em quadrinhos sob o patrocínio da Pfizer. Muitas daquelas idéias são hoje clássicas e passaram a fazer parte de qualquer plano corporativo semelhante de relações públicas. Da AAB, originaram-se agências de respeito como a ADS, de Antônio de Salvo, a Inform, de Carlos Eduardo Mestieri e Vera Giangrande, e outras (...) menores. Da AAB saíram também executivos que ocuparam cargos de alto nível na área de comunicações de agências e empresas industriais, comerciais e financeiras.

Pode-se creditar [a ela] pelo menos dois serviços à profissão de relações públicas. Em primeiro lugar, o de ter sido a grande escola de formação profissional e, sobretudo, ética, no preparo de executivos [da área]. E também por haver liderado a busca perene da qualidade, elevando o nível profissional diante da imprensa e dos empresários, conseguindo o respeito e o espaço que até os dias de hoje [causam] inveja aos países latino-americanos, que há 30 anos estavam em situação mais vantajosa que o Brasil, mas que estagnaram ou regrediram profissionalmente e em termos de imagem pública.[14]

Outro marco foi a realização no Rio de Janeiro, em 1967, do IV Congresso Mundial de Relações Públicas, que, entre outras coisas, definiu as funções básicas e específicas da profissão, adotadas por Cândido Teobaldo de Souza Andrade em seu livro *Curso de relações públicas* e defendidas por muitos em catálogos do Conselho Regional de Profissionais de Relações Públicas (Conrerp) da 2ª Região (São Paulo e Paraná). Aliás, também nessa década, em 1962, Teobaldo já havia lançado o primeiro livro brasileiro da área. Trata-se de *Para entender relações públicas*, no qual o autor procurou sintetizar os principais conceitos dessa atividade. Um jornal de São Paulo, conforme ele nos conta, escreveu na ocasião: "Teobaldo de Andrade é o pioneiro indígena em relações públicas".

Um terceiro acontecimento importante da década de 1960, também em 1967, foi a criação do primeiro curso superior de relações públicas com duração de quatro anos, na Escola de Comunicações Culturais da Universidade de São Paulo, que, fundada um ano antes, hoje é conhecida como Escola de Comunicações e Artes.

III. DÉCADA DE 1970: SOB UMA EUFORIA ILUSÓRIA

A partir do fato ocorrido em 1967, iria desencadear-se a implantação de uma série de faculdades ou departamentos de comunicação ao longo de todo o país, fazendo com que as escolas de jornalismo perdessem sua exclusividade. A década de 1970 é, assim, marcada pela proliferação de novos cursos. Incrementar esse processo era, aliás, de interesse do Estado, até para justificar a legislação cartorial que preconizava a reserva de mercado para as diversas áreas da comunicação social.

No começo, houve muita improvisação e muitas adaptações. Não havia professores em número suficiente para atender às novas demandas, a atividade ainda não estava consolidada e as necessidades da sociedade nesse campo eram praticamente desconhecidas, pois em momento algum se tivera uma preocupação em analisá-las mais profundamente.

Assim, com raras exceções, os cursos pautavam-se inicialmente pelos velhos padrões das escolas de jornalismo. A transmissão de conhecimentos dava-se de forma dogmática e verbalista, em razão de uma visão imprecisa do mercado e da falta de domínio das concepções que vinham sendo desenvolvidas pelos precursores na década de 1950. Acreditamos que tudo isso prejudicou muito não só a formação de novos profissionais, mas também o avanço da própria área na década de 1970. Só em 1978, com a introdução dos projetos experimentais pelo então Conselho Federal de Educação, é que os cursos passariam por uma guinada em seu rumo, melhorando, em parte, seu nível de qualificação.

1. Falta de uma Visão Crítica

De um ponto de vista geral, os acontecimentos denotavam uma euforia injustificada com a regulamentação da profissão. A categoria não soubera avaliar os sinais do tempo. As relações públicas haviam ficado muito na retórica e nas homenagens. O distanciamento entre a área acadêmica e o mercado profissional era um fato. Não se tinha desenvolvido um trabalho de parceria com bases científicas e técnicas entre as partes.

A propósito, um dos entrevistados em nossa pesquisa de campo, ao analisar a década de 1970, chamou a atenção para o "erro" que teria sido cometido pelo Conselho Federal de Profissionais de Relações Públicas (Conferp), criado em 1969, ao se deslocar de São Paulo para Brasília, considerando-se que o grande mercado da área e as principais lideranças se concentram até hoje em São Paulo e no Rio de Janeiro.

O ufanismo era bem visível nos meios do regime vigente. Na primeira metade da década, ainda vigorou a AERP. No início, a mídia eletrônica foi muito usada para promover as ações do governo. As frases de efeito a que se referiu Skidmore, antes citado, mesclavam-se com a exploração da conquista do tricampeonato mundial pela seleção brasileira de futebol, em 1970, do "milagre econômico" da década, do crescimento de 10% ao ano...

Coma entrada do governo seguinte, do General Ernesto Geisel (1974-1979), a AERP ficaria desativada por um período, até ser extinta em 1975. Nesse ano, pelo decreto nº 75.200, de 9 de janeiro, ela foi substituída pela AIRP, com competência para coordenar e orientar a política de comunicação do Poder Executivo. Mas já no ano seguinte, esta última seria desmembrada pelo decreto nº 77.000, de 9 de janeiro de 1976, criando-se, de forma isolada, a Assessoria de Relações Públicas (ARP).

Cabia a esta a função de ser o órgão que centralizava todo o Sistema de Comunicação Social do Poder Executivo. Segundo seu coordenador, o coronel José Maria Toledo de Camargo, em palestra proferida no Seminário de Reciclagem de Mídia da Associação Brasileira de Anunciantes (ABA), em 27 de abril de 1977, o código de ética da entidade baseava-se nos princípios de impessoalidade, legitimidade, verdade, adjetividade (a comunicação em si e não os atos do governo, que são substantivos) e eficiência.[15]

Seu trabalho de colaboração para o desenvolvimento ("Este é um país que vai pra frente") é comentado com entusiasmo por Toledo de Camargo em entrevista ao jornal *O Estado de S. Paulo*, publicada no dia 16 de outubro de 1977: "Nós temos fundamentos para grandes esperanças. Marchamos para uma plataforma especial no mundo. Não tenho dúvidas de que estamos caminhando para uma maior justiça social".[16]

Na mesma reportagem, o deputado João Cunha faria duras críticas à campanha "O Brasil é feito por nós", levantando dúvidas sobre para quem ela era feita, apontando para os milhões de brasileiros marginalizados:

> É preciso que assumamos, e prontamente, as nossas realidades, que reavaliemos as nossas verdades (...), que nos aprofundemos nesse quadro e que nos desencalhemos de equívocos e partamos juntos, sem mistificações, civis e militares, em busca de fórmulas e meios que nos desatolem da mentira ilusória, criem condições para o progresso comum e justo, de forma que possamos, no futuro, afirmar ao povo que o Brasil é feito por nós.[17]

2. Alimentando a Mística Popular

Em 1979, já no governo do General João Baptista Figueiredo (1979-1984), seria criado pela lei nº 6.650, de 23 de maio, a Secom que, com o *status* de ministério, foi assumida pelo publicitário Said Farhat.

Diz José S. Faro:

> Foi no campo das relações públicas que a Secom adquiriu projeção (...). Tratava-se, nesse âmbito, da construção de uma nova imagem para o presidente e da

promoção de eventos cívicos e atividades culturais que fizessem aflorar a mística popular em torno do governante.

Para o autor, sua implantação foi muito bem-feita, divulgando-se pela mídia, em fevereiro de 1979, o documento "Bases para uma política de comunicação social no governo João Baptista Figueiredo".[18]

A Secom teve vida curta. Em razão dos incidentes de Florianópolis em fins de 1979, quando o presidente teve um enfrentamento público com a população, ela logo viria a desaparecer (dezembro de 1980). Mas, na verdade, o que ainda predominava era uma incongruência entre a proposta de uma política de comunicação liberalizante e a manutenção do autoritarismo na prática.

A área de comunicação governamental carecia de uma verdadeira política de comunicação. Faltava exatamente um planejamento estratégico de relações públicas. Assim como se criavam assessorias e secretarias, também se acabava com elas. Ao longo da história, foram muitos os equívocos cometidos por esses órgãos encarregados da comunicação do Poder Executivo, desde a inadequação dos programas de ação até o não-cumprimento da lei por este aprovada. Haja vista que, apesar da regulamentação das profissões de relações públicas e de jornalismo, se chegou a criar no serviço público federal a figura do "técnico de comunicação".

A influência da ARP e da Secom na área de relações públicas está implícita, também, nas análises que nós e as pessoas entrevistadas já fizemos a propósito da AERP.

IV. DÉCADA DE 1980: GRANDES TRANSFORMAÇÕES

A década de 1980 caracteriza-se por vários acontecimentos importantes para as relações públicas. Uns dizem respeito diretamente à área. Outros ocorreram em um âmbito mais geral, mas provocaram grandes mudanças nos paradigmas conceituais até então vigentes, tanto no mercado profissional como no setor acadêmico.

Em nível macro, o principal fato seria o começo da abertura política no país, já preconizada na década anterior pelo General Ernesto Geisel (1974-1979), que procurou uma distensão do poder de linha dura do regime vigente, embora este continuasse sob o controle dos militares. Foi no último período do ciclo militar, com o General João Baptista de Figueiredo (1979-1984), que se iniciou efetivamente o processo de mudança para as vias democráticas. Surgiu então um novo comportamento institucional, por parte tanto do governo quanto das organizações em geral. Com a liberdade de imprensa, a sociedade, que já sentia o esgotamento do autoritarismo, passou a exigir muito mais transparência. Começou-se a perceber que aquele estilo de comunicação vertical direta com o Poder Executivo, em gabinetes fechados, estava com os dias contados. Os canais tinham de ser mudados e ampliados.

1. Iniciativas Empresariais e Acadêmicas

A substituição, na esfera governamental, da anterior ARP pela Secom, queira-se ou não, teve influência nas organizações, que passaram a adotar novos nomes para os seus departamentos de relações públicas, uma constante a partir da segunda metade da década de 1980. Foi nas empresas que teve início uma tentativa de fazer uma comunicação "integrada".

Na pesquisa que fizemos, incluímos essa questão já como uma realidade, mas tínhamos em vista confirmar e conhecer melhor as possíveis causas. Houve praticamente uma concordância generalizada quanto à afirmação de que *"os tempos mudaram e o termo comunicação é mais abrangente"*. Os departamentos de relações públicas eram limitados e já não correspondiam mais às exigências da sociedade e das organizações, que passaram a requerer uma comunicação muito mais estratégica. Além disso, a concepção vigente para a área, na época, ainda era guiada por uma filosofia superada, preocupada basicamente com a formação da imagem das organizações e o estabelecimento de um bom relacionamento com os diversos públicos, sobretudo com a imprensa e o governo. Houve, portanto, uma mudança não apenas da nomenclatura, mas também de conceitos.

A empresa que deu "o pulo do gato", capitalizando para si os benefícios dessa nova realidade institucional, foi a Rhodia S.A., que, em janeiro de 1985, criou sua Gerência de Comunicação Social, responsável pela coordenação *integrada* de todas as atividades desse setor. Sob a direção de Walter Nori, ela era formada pelas divisões de imprensa (assessoria de imprensa e publicações), relações públicas (projetos institucionais e comunitários) e marketing social (publicidade, valorização do consumidor e pesquisa de mercado).

> Um aspecto (...) a ser ressaltado é a preocupação daquela empresa em ordenar a comunicação empresarial.[19] A partir dali, não existem mais ações isoladas de comunicação. Tudo segue o posicionamento estratégico e mercadológico da empresa. (...) arrebenta com as ilhas internas de informação – guetos – e transforma a comunicação no instrumento – interface – entre todos os públicos de interesse (...).[20]

Essa iniciativa não ficou restrita ao âmbito interno. O "Plano de Comunicação Social"[21] que ela então produziu foi distribuído aos veículos em geral, às escolas e a outros públicos de interesse, obtendo uma notável repercussão na época e constituindo-se em paradigma para muitas outras empresas.

Por outro lado, também na área acadêmica e em fóruns de debates passariam a ter lugar as discussões sobre a comunicação nas organizações, sendo vista como uma macroárea integrada, inicialmente, pelas relações públicas e pelo jornalismo empresarial.

O pioneiro desse novo enfoque, no Brasil, foi Francisco Gaudêncio Torquato do Rego. Já em 1972, ele inovava com seu trabalho de doutorado sobre jornalismo empresarial na Escola de Comunicações e Artes da Universidade de São Paulo. Em 1983, ele também defenderia ali sua tese de livre-docência, depois publicada,[22] na qual advogava a necessidade de usar de forma sinérgica a comunicação, para a obtenção de eficácia em organizações utilitárias.

Em 1985, nós apresentávamos àquela escola nossa dissertação de mestrado, que abordava o mesmo contexto, analisando o papel reservado às relações públicas no conjunto da comunicação integrada. Nosso estudo seria transformado em livro no ano seguinte.[23]

Até aqui, descrevemos os principais fatos que esclarecem a nova concepção de relações públicas adotada por muitas organizações e formulada teoricamente pelos meios intelectuais e científicos na década de 1980. Tratava-se, em síntese, de reconhecer que a antiga estrutura de relações públicas não correspondia mais às necessidades e aos anseios da sociedade e das próprias empresas, que passaram a postular atividades e programas integrados de comunicação.

2. Uma Perda de Espaço

Com isso, as relações públicas acabaram perdendo seu espaço como gerenciadoras da comunicação organizacional. Foi o resultado da falta de uma visão estratégica por parte do setor. A área não soube ler e interpretar os sinais do tempo, para captar as grandes oportunidades que se delineavam com as mudanças em curso. Em vez de agir com agressividade, ela ficou se lamentando, sem se preocupar com uma nova visão de mundo e sem partir efetivamente para ações concretas. Esquecendo-se de fortalecer os órgãos já existentes, que eram suficientes, resolveu criar sindicatos sem expressão.

Em nossa pesquisa, um profissional de relações públicas, comentando a inércia do setor e os equívocos quanto ao desempenho da profissão no final da década de 1970 e na década de 1980, deu um depoimento ilustrativo.

De equívoco em equívoco, caminhamos mal, sem aglutinar a categoria para um esforço ordenado que oportunizasse a institucionalização da atividade em termos práticos de mercado, especialmente em âmbito governamental. Em 1977, ainda se tentou buscar uma solução. Pondo em confronto as três correntes que disputavam a liderança classista, realizou-se no mês de janeiro, em Manaus, uma reunião do Conselho Nacional da ABRP, seguida de outra no dia 6 de agosto, em Brasília, depois de uma intermediária ocorrida em Niterói. Tudo infrutífero e com o registro de novos equívocos. A categoria não estava capacitada para descobrir seus próprios rumos. Nem interessada. À época, brigava-se para saber se o profissional de relações públicas deveria ser chamado de relações-públicas ou de relator público (sic!).

No contexto dos esforços para recuperar a credibilidade do Conferp, em 1986, a Federação Nacional de Jornalismo (Fenaj) editava seu "Manual de Assessoria de Imprensa", com o apoio da hierarquia de nossa classe. A qualidade do trabalho pode até ser questionada, mas sua intenção, não. O que se buscava era estabelecer divisores de competência entre jornalistas, publicitários e relaçõespúblicas. Mas, por força do organograma registrado, os efeitos não se fizeram demorar, levando à supressão do setor de relações públicas em áreas do Serviço Público Estadual, notadamente no Nordeste, Norte e Centro-Oeste.

3. Avanços Técnicos e Científicos

Mas a década de 1980 não representou de forma alguma uma década perdida para a área de comunicação. Houve um crescimento acentuado tanto das indústrias das comunicações quanto da pesquisa e da produção científica. Foi o período em que se formou o maior número de mestres e doutores nessa área. As assessorias transformaram-se em empresas de comunicação, prestando serviços integrados e completos.

No que tange especificamente à área de relações públicas, pode-se dizer que houve iniciativas concretas na busca da qualidade por parte das entidades e das escolas de comunicação. O Prêmio Opinião Pública, o Concurso Universitário de Monografias e Projetos Experimentais, o VII Congresso Brasileiro de Relações Públicas, a criação da Associação Brasileira das Empresas de Relações Públicas (Aberp) e a campanha de valorização da profissão são exemplos ilustrativos que configuram as novas perspectivas que hoje se vislumbram.

O Prêmio Opinião Pública é um concurso de caráter exclusivamente cultural e sem fins lucrativos que visa distinguir e homenagear, periodicamente, os melhores trabalhos de relações públicas desenvolvidos para empresas, instituições ou órgãos governamentais do Brasil. Lançado em 1980 pelo então presidente do Conrerp da 2ª Região (São Paulo e Paraná), Nemércio Nogueira, foi entregue pela 15ª vez em 5 de dezembro de 1996, durante um seminário sobre A Comunicação Dirigida para o Sucesso dos Negócios Empresariais: Novos Rumos para Relações Públicas. Trata-se de uma mostra concreta da prática profissional nos mais diferentes segmentos.

Já em seu primeiro ano (1981), a iniciativa obteve ampla repercussão. Profissionais de todo o país, compreendendo sua importância, inscreveram trabalhos de excelente qualidade realizados no ano anterior (1980) em dez categorias distintas: relações públicas com a comunidade na iniciativa privada; relações públicas com a comunidade no governo; projetos institucionais do governo; projetos institucionais de entidades sem fins lucrativos; projetos institucionais da iniciativa privada; projetos institucionais para associações e entidades; relações públicas em nível internacional; eventos especiais e comemorações de entidades sem fins lucrativos; relações públicas em emergência na área governamental; outras campanhas de relações públicas das empresas privadas.

O troféu, simbolizando a atividade de relações públicas, foi especialmente criado para o prêmio pelo artista plástico Nelson Leirner. Ele é conferido aos profissionais que desenvolveram os trabalhos. As empresas, instituições ou órgãos governamentais ligados a eles recebem um diploma.

Fizemos um levantamento em todos os catálogos do Conrerp, nos quais consta um resumo dos *cases* premiados de 1981 a 1994, para verificar as categorias existentes e realizar um estudo sobre os programas levados a efeito. O estudo permitiu distribuir por categorias um grande número de trabalhos cujo registro, de circulação restrita, poderia ser mais divulgado junto à sociedade, na forma, por exemplo, de um livro. São ações bem-sucedidas que trouxeram grandes benefícios para as organizações que delas se valeram, conforme se constatou nos relatórios.

Em 1982, quando ocupávamos o cargo de vice-presidente de Cultura da Seção do Estado de São Paulo da ABRP, criamos o Concurso Universitário de Monografias e Projetos Experimentais. Tendo por objetivo estimular o aprimoramento da formação acadêmica e incentivar os futuros profissionais de relações públicas a empregar de forma eficiente os conhecimentos teóricos adquiridos, a iniciativa terá neste ano sua 15ª edição. O novo currículo das escolas de comunicação, implementado, um ano depois, pela resolução 480/83 do então Ministério da Educação e Cultura, exigindo que se instalassem laboratórios para o desenvolvimento de projetos experimentais, colaborou em muito para uma mudança radical dos cursos. Com isso, superou-se parcialmente a dicotomia entre a teoria e a prática, graças a uma maior integração do estudante com o mercado, em um intercâmbio que tem sido freqüente até os dias de hoje, trazendo resultados muito positivos tanto para os futuros profissionais como para as organizações que chegam a implantar os projetos.

Em novembro de 1982, realizou-se em Brasília o VII Congresso Brasileiro de Relações Públicas, que teve como tema central Os Novos Rumos de Relações Públicas. Este é considerado o melhor evento desse tipo já realizado pela ABRP, quanto ao nível técnico e ao conteúdo, um exemplo do que se deve fazer para elevar a qualidade de encontros dessa natureza. Presidido por Roberto Jenkins de Lemos, um dos baluartes da profissão no Brasil, o evento, que conseguiu trazer vários conferencistas estrangeiros, constituiu-se em um marco na história das relações públicas no Brasil.

Em decorrência de uma proposta lançada durante esse congresso, seria criada a Aberp , outro fato de destaque na década. Ela surgiu em 1983, sob a liderança de Valentim Lorenzetti, principal fundador e primeiro presidente. A entidade tem por finalidade principal defender os direitos e interesses das associadas, para promover o *status* da atividade no contexto da comunicação social.

4. Buscando Valorizar a Profissão

No mesmo congresso também ocorreu o lançamento da Campanha para a Valorização da Profissão de Relações Públicas. Esta foi idealizada e desenvolvida pela Seção do Distrito Federal da ABRP, com o apoio do Conrerp da 6ª Região (Distrito Federal). Sob o mote *O profissional certo no lugar certo*, compunha-se de cinco anúncios para a mídia impressa.

O primeiro anúncio era dirigido a empresários. Com o título *Ponha um rosto na sua empresa*, ressaltava no texto que, "aliando informação, técnica e sensibilidade, as relações públicas têm meios para detectar problemas, oferecer soluções, identificar falhas e propor alternativas". Esse anúncio, visando ao mercado de trabalho, também foi transformado em um cartazete, com o slogan da campanha e o convite ao empresário: *Ponha um rosto na sua empresa. Contrate um profissional de relações públicas.*

O segundo anúncio procurava atingir os dois terços de profissionais que ainda não haviam se registrado nos órgãos de classe: *Onde estão os profissionais de relações públicas deste país?* O texto, informando que "agora um terço dos profissionais formados está registrado nos Conrerp's", perguntava: "E os outros, o que fazem?", alertando que "são eles que, perdidos por aí, não contribuem para que cada um ocupe o seu espaço profissional e que a profissão conquiste o seu lugar na vida nacional". E acentuava que "é na luta por esses direitos que se faz necessária a união em torno da ABRP".

O terceiro anúncio, encabeçado pelo conhecido slogan *A culpa é do governo*, reforçava o anterior, procurando criar impacto naqueles profissionais que achavam "mais fácil denunciar os de outras áreas que são contratados para cargos específicos de relações públicas do que fazer algo para mudar a situação". Observava que "é difícil entender o desinteresse desses profissionais em ocupar seu espaço no mercado e colocar sua profissão no devido lugar". E concluía que "na busca de soluções é que a ABRP espera o apoio de cada profissional de relações públicas. Porque só assim, todos juntos, é que vamos fazer valer nossos direitos e cumprir com eficiência nossos deveres".

O quarto anúncio era endereçado ao governo: *Quanto melhor o governo, maior a importância de um bom serviço de relações públicas.* O texto argumentava que "as relações públicas são um eficiente canal para a compreensão e a colaboração entre o Estado e os cidadãos. Uma linha de comunicação por onde o governo presta contas do que faz e, em contrapartida, ouve as reivindicações populares". E, repisando a idéia do título, finalizava dizendo que "este é o caminho mais eficaz para novas conquistas sociais, baseadas na harmonia e no entendimento mútuos".

O quinto e último anúncio fazia um esclarecimento à população: *Relações públicas, um profissional em defesa do consumidor.* O texto era vazado nestes termos:

Situado na fronteira empresa/consumidor, o profissional de relações públicas vive atento às opiniões e aos desejos do público e, conseqüentemente, pronto a orientar sua empresa em direção ao interesse comum. Isento, com sua capacidade de influenciar, modificar e expandir idéias, ele se apresenta como um importante agente de defesa do consumidor. Sua importância se torna tanto maior quanto mais exigente a sociedade em que vive. Assim, os cargos específicos de relações públicas devem ser ocupados apenas por profissionais habilitados e registrados no órgão de classe.

A campanha foi veiculada em uma mídia restrita. Iniciativa muito louvável, de grande atualidade ainda hoje, com um apelo de grande força, infelizmente, por ausência de recursos e até pela falta de atenção das lideranças nacionais e dos órgãos de classe, ela não foi levada avante nos anos seguintes.

5. A Dimensão Comunitária das Relações Públicas

Outro fato importante na década de 1980 que merece registro foi o desenvolvimento das relações públicas comunitárias, a partir de debates, de eventos culturais e científicos, de publicações e mesmo da realização de projetos experimentais. O objetivo era demonstrar que o trabalho da área não podia se voltar apenas para as empresas e o governo, como ficava patente até nos currículos das escolas de comunicação social e na literatura existente. Ele devia estender-se a qualquer tipo de organização e também aos movimentos sociais. Isso colaborou para colocar a atividade sob uma nova ótica, gerando um conceito mais positivo para a profissão, desgastada pelo atrelamento ao regime militar em décadas anteriores.

Fazendo um recorte na história, descobre-se que foi no início da década de 1980 que se passou a discutir e praticar as relações públicas sob esse enfoque, conferindo-lhes essa nova dimensão comunitária. Isto se deu graças ao avanço que então já havia alcançado a chamada comunicação alternativa, em decorrência dos esforços de defensores das liberdades democráticas e de entidades como a Sociedade Brasileira de Estudos Interdisciplinares da Comunicação (Intercom) e a União Cristã Brasileira de Comunicação Social (UCBC), que promoviam ciclos de estudos e congressos com debates voltados, sempre, para uma temática de resistência ao regime autoritário, pondo em evidência as classes subalternas, os direitos humanos e uma nova ordem de comunicação social.

Foi precisamente em 1980 que a UCBC, em seu nono congresso, abordou a comunicação popular. Na ocasião, tivemos a oportunidade de participar do painel sobre relações públicas a Serviço dos Interesses Populares, ao lado de José Queiroz, professor da Universidade Católica de São Paulo, do operário Anísio Teixeira, representando a classe, e de Cicília Maria Krohling Peruzzo. Esta última então já preconizava uma nova maneira de encarar as relações públicas e, posteriormente, em 1981, apresentaria ao Instituto Metodista de Ensino Superior, de São Bernardo do Campo, São Paulo, sua dissertação de mestrado sobre "Relações públicas no modo de produção capitalista", depois transformada em livro, agora já na terceira edição. Tudo isso contribuiu muito para uma nova visão das relações públicas..Na verdade, o referido painel fez germinar uma nova esperança de vida para essa área.

À mesma época, com colegas de magistério e alunos do último ano do curso de relações públicas da Faculdade de Comunicação Social do Instituto Metodista de Ensino Superior, iniciávamos uma série de projetos experimentais voltados para a comunidade, em uma tentativa concreta de viabilizar essa nova alternativa para as relações públicas. O nosso propósito era mostrar na prática como as técnicas e a arte dessa área poderiam ser aplicadas também a outras camadas sociais. Em dois artigos publicados, respectivamente, em 1984[24] e 1987,[25] abordamos a temática, relatando algumas experiências levadas a efeito, nesse sentido, por nós e por outras escolas.

6. Um Crescimento Relevante

Dos fatos até aqui relatados, pode-se deduzir que a área de relações públicas teve, na década de 1980, um crescimento relevante em vários sentidos, tanto na área acadêmica quanto no mercado profissional, não obstante a queda de seu prestígio político na década de 1960. Isso ficou claro também nas opiniões de grande parte dos que foram entrevistados em nossa pesquisa, quando lhes perguntamos se as mudanças foram para melhor ou para pior. Vejamos alguns depoimentos:

- Década de 1960: grande prestígio e desenvolvimento, com o IV Congresso Mundial de Relações Públicas e a regulamentação da profissão. Décadas de 1970 e 1980: perda de prestígio – os profissionais da época não souberam se reciclar em face dos novos desafios.
- Na década de 1960, o poder era "mágico" e ter um órgão de relações públicas ou ser um profissional da área significava *status*, com um *glamour* de modernidade. A década de 1980, com a adoção da expressão "Comunicação Social", ensejou, infelizmente, que jornalistas viessem a ocupar nosso espaço.
- As mudanças foram para melhor, profissionalmente, e para pior, politicamente, pelo efeito negativo da ação reguladora da profissão. Entre 1960 e 1980, o Brasil, então sem prestígio, veio a tornar-se o país mais importante em relações públicas na América Latina, tendo as escolas e as empresas especializadas contribuído para isso.

Nós acreditamos que as mudanças foram para melhor, apesar de uma certa redução daquele "espaço político" tão apregoado nas décadas de 1960 e 1970, que expressava muito mais um "fetiche festivo" do que um fator estratégico. Essa é a âncora que direcionará a atividade de relações públicas nas organizações na década de 1990, rumo ao próximo milênio.

V. DÉCADA DE 1990: UM CENÁRIO DE DESAFIOS

A década de 1990 está se caracterizando por grandes transformações mundiais, das quais nenhum setor escapa. As relações públicas passam por um questionamento e por uma redefinição de seu papel, enquanto profissão e como atividade estratégica. A própria regulamentação acha-se em xeque, revêem-se concêitos e a universidade interage mais com o mercado. Os fatos mais relevantes ocorridos até o momento sinalizam uma maior consciência tanto das escolas quanto dos profissionais.

1. Revigorando a Consciência

Em 1990, a Escola de Comunicações e Artes da Universidade de São Paulo, ao promover um simpósio acadêmico sobre a Formação do Profissional de Relações Públicas na Universidade, abriu suas portas para ouvir lideranças representativas do mercado, com vistas à melhoria da qualidade do ensino. Os debates entre professores e profissionais foram bastante frutíferos. A iniciativa foi levada a efeito também com as outras áreas de comunicação social.

Em julho de 1992, a Faculdade dos Meios de Comunicação (Famecos) da Pontifícia Universidade Católica do Rio Grande do Sul realizou um seminário sobre Paradigmas no Ensino das Relações Públicas, que, coordenado por Roberto Porto Simões, envolveu principalmente professores de relações públicas procedentes de várias regiões do país. O evento se propunha, basicamente, a debater uma questão teórica. Segundo Porto Simões:

> A comunidade de professores de relações públicas (incluam-se também os demais professores agregados de outros departamentos ou institutos) não possui ainda, explicitado, um referencial teórico consensual que permita o ensino da teoria e da tecnologia da atividade em nível de ensino de terceiro grau, de uma maneira coerente e sinérgica, no âmbito de um curso e muito menos de diversas faculdades de uma região e do país.[26]

Paralelamente a essas iniciativas no âmbito universitário, o Conferp e o Conrerp da 2ª Região (São Paulo e Paraná) desencadearam, em 1992, todo um processo de discussão, que perdura até hoje, sobre os rumos a serem tomados pela profissão.

Em reunião plenária ocorrida em São Paulo no mês de novembro, o Conferp produziu um documento com 39 itens polêmicos ligados à profissão e que se acham em pauta nos últimos anos. Os temas contemplados eram, entre outros: a desregulamentação da profissão, o uso de diferentes nomes para as funções e atividades de relações públicas, a criação de um conselho único de comunicação social, o papel do conselho federal e dos conselhos regionais, a convivência com outras áreas do ramo, a habilitação de professores e a ética profissional.

Em fevereiro de 1993, a entidade decidiu consultar as bases acerca das questões levantadas no final do ano anterior, transformando-as em perguntas. A desregulamentação da profissão, por exemplo, teve apoio praticamente unânime das lideranças de São Paulo e do Paraná. O Conrerp da 2ª Região decidiu então fazer uma representação junto ao Conferp, na qual se afirmava que "a maioria pede o fim do cartório na atividade".[27]

A partir de então, iniciou-se um grande debate, envolvendo-se nele também os profissionais cariocas e fluminenses. As opiniões dividiam-se mesmo entre os então presidentes do Conferp, Edson Schettine de Aguiar, do Conrerp da 1ª Região (Estado do Rio de Janeiro), Sérgio Gramático, e do Conrerp da 2ª Região (São Paulo e Paraná), João Alberto Ianhez. Os dois primeiros opunham-se inteiramente à desregulamentação, enquanto o terceiro a defendia.[28]

Aquele grande questionário não permitiu esboçar conclusão alguma ou, melhor, de acordo com Sidinéia Gomes Freitas, as respostas dadas mostraram que praticamente não existia consenso sobre nada. Em relação a isso, ela se manifestou na edição referente a julho de 1994 do boletim *Conrerp em Ação*, editado pela 2ª Região. O editorial que ela então escreveu já definia a situação até no título: "Repensando a profissão ou um réquiem pelas relações públicas".[29] Diante dessa realidade, o Conferp decidiu elegê-la como coordenadora de todo o trabalho de reavaliação da atividade.

2. Tomando Novos Rumos

A entidade constituiu então, em agosto de 1994, um parlamento nacional, com o objetivo de conduzir de forma organizada a discussão sobre a realidade e o futuro das relações públicas no Brasil, por meio de fóruns em todas as sete regiões que têm conselhos de profissionais de relações públicas. Para dirigir essa instância, foram escolhidos Sidinéia Gomes Freitas (SP), como coordenadora, e Jorge Eduardo de Araújo Caixeta (MG), Celso Alexandre de Souza Lima (MG) e Suzana Luderitz Saldanha (RS), como colaboradores.

Uma das primeiras ações concretas foi a realização de um fórum na Escola de Comunicações e Artes da Universidade de São Paulo, já naquele mesmo mês, com representantes de diversas regiões do país. Os participantes, divididos em grupos, estudaram os seguintes temas: registro profissional; assessorias de comunicação; formação profissional; campo conceitual; e aspectos comerciais e trabalhistas. Todas as discussões foram gravadas, resultando daí um documento de 450 páginas.

Três correntes evidenciaram-se, na ocasião, a propósito da questão da desregulamentação, ou não, da profissão. A primeira não aceita qualquer mudança, ajuizando que o problema se acha na fiscalização deficiente por parte dos conselhos regionais, que estariam sendo omissos no desempenho de seu papel. A segunda defende a desregulamentação total, anulando-se assim, para efeito legal, todos os direitos reservados atualmente às relações públicas. A terceira define-se por uma maior abertura da legislação, que deveria ser revisada e até mesmo permitir o exercício da atividade por profissionais com outras habilitações na área da comunicação.

Os trabalhos do parlamento sofreram interrupção entre fins de 1994 e de 1995, em razão de problemas de ordem jurídica surgidos quando do processo de eleição da nova diretoria do Conferp para o triênio de 1994-1997, que impediram que ela tomasse posse imediatamente. Mas no início de 1996, eles seriam retomados, já sob a gestão da nova presidente, Sidinéia Gomes Freitas, que para tanto continua contando com o envolvimento direto dos mesmos membros da equipe constituída em agosto de 1994, agora integrantes da diretoria executiva (Jorge Eduardo de Araújo Caixeta, secretário geral; Suzana Luderitz Saldanha, tesoureira; e Celso Alexandre de Souza Lima, conselheiro titular). A dinamização do parlamento nacional é uma das prioridades do Conferp para os anos de 1996 e 1997, prevendo-se a realização de vários encontros regionais, a serem promovidos pelos respectivos conselhos em parceria com diferentes universidades.

Como se pode ver, o setor de fato está sendo repensado em seu todo. Espera-se que seja encontrado o melhor caminho, de forma democrática, à luz dos novos paradigmas preconizados pela sociedade globalizada. Só assim ele conseguirá assumir efetivamente sua relevância no contexto comunicacional e no conjunto dos objetivos socioeconômicos das organizações.

3. Panorama do Mercado

Não se pode negar que as relações públicas do Brasil trilharam por muitos desvios na trajetória que ela deveria ter seguido de forma natural, como profissão legalmente institucionalizada, incumbida de uma missão nobre, embora esta ainda não seja devidamente conhecida nem reconhecida. Isso tem gerado incertezas, mal-entendidos, inseguranças, dúvidas e, principalmente, uma crise de identidade. Mas, por outro lado, também aconteceram e estão acontecendo muitos fatos positivos, que sinalizam uma tendência de valorização crescente da área. Tudo depende dos rumos que forem tomados nos próximos anos pelas entidades de classe, pelo mercado e pelas escolas de Comunicação responsáveis pela formação de pessoal qualificado.

As relações públicas possuem no Brasil os seguintes órgãos de classe:[30] ABRP, com 14 seções estaduais; Conferp; Conrerp, em sete regiões; Sindicato de Profissionais Liberais de Relações Públicas, por ora em sete estados (Rio Grande do Sul, Rio de Janeiro, São Paulo, Minas Gerais, Alagoas,

Pernambuco e Roraima); ABERP; Capítulo Brasileiro da International Public Relations Association (IPRA).

Os profissionais registrados até 1996 nos conselhos regionais de relações públicas perfazem um total de 6.200, assim distribuídos: 1.400 na 1ª Região (Rio de Janeiro); 1.700 na 2ª Região (São Paulo e Paraná); 800 na 3ª Região (Minas Gerais, Bahia e Espírito Santo); 900 na 4ª Região (Rio Grande do Sul e Santa Catarina); 800 na 5ª Região (Sergipe, Pernambuco, Alagoas e Rio Grande do Norte); 300 na 6ª Região (Distrito Federal, Goiás, Mato Grosso e Mato Grosso do Sul); e 300 na 7ª Região (Pará, Amazonas, Acre e Roraima).

A atuação desses profissionais é regida por um código de ética e pela legislação em vigor, que não é integralmente respeitada na prática, pois há um grande número de pessoas desenvolvendo atividades específicas de relações públicas sob outras nomenclaturas.

A ABERP conta até agora com 25 afiliadas, entre elas todas as que são consideradas grandes no país. A maioria está sediada em São Paulo. Na página seguinte, mostramos o *ranking* delas em 1995 e seu respectivo faturamento, comparado com os dois anos anteriores, levantado com base em balanços ou relatórios de contadores. Assim, será possível ter uma idéia do volume de negócios movimentados por esse segmento. Os dados apresentados pela tabela mostram um crescimento conjunto de 20% na receita de 1995 em relação a 1994. Quase todas as associadas tiveram uma expansão em seus negócios, com índices que chegaram a ser de 121% em relação ao exercício anterior.

O presidente da ABERP, Mário Ernesto Humberg, aponta três fatores que contribuíram para esse resultado:

> A chegada ao país de novas empresas, que precisam do apoio das relações públicas ou da comunicação para se tornarem conhecidas e para estabelecer canais institucionais de relacionamento; a globalização econômica, que exige a preparação de perfis, relatórios, apresentações em outras línguas; a ampliação da necessidade de um contato mais estreito com funcionários, comunidade, acionistas e clientes.[31]

4. Os Cursos Universitários

Outro item a ser considerado é o número de cursos superiores de relações públicas existentes nas escolas ou faculdades de comunicação social do país, que hoje gira em torno de 54. Nos últimos anos, por força até da falta de corpo docente qualificado, além da retração da demanda, muitos foram suspensos.

Em nossa opinião, eles têm de assumir uma nova postura diante das exigências da sociedade contemporânea, passando por um redimensionamento de seu conteúdo básico para atender a todo o espectro da comunicação empresarial, que é o grande mercado. É necessário qualificar melhor os professores e buscar novas alternativas para uma formação mais eficiente dos futuros profissionais.

Ranking das Empresas e Assessorias de Relações Públicas (1995)

Associados	R$/95	US$/95	US$/94	US$ 93	% 95x94
1 - Gaspar & Associados	2.255.032,28	2.348.991,95	1.590.771,95	1.572.887,00	1,48
2 - Burson Marsteller	1.800.000,00	1.875.000,00	1.561.691,40	2.218.954,00	1,20
3 - LVBA	1.439.141,85	1.499.106,09	1.227.439,80	1.265.959,00	1,22
4 - Sine Qua Non	1.273.589,85	1.326.656,09	1.001.969,80	893.521,00	1,32
5 - ADS	1.181.411,76	1.230.637,25	1.014.967,45	958.962,00	1,21
6 - AAB Hill	1.138.011,23	1.185.428,36	1.197.921,70	1.465.580,00	0,99
7 - CL-A Comunicações	1.010.703,00	1.052.815,63	499.798,85	353.536,00	2,11
8 - EDM Logos	898.998,00	934.370,83	601.611,89	395.885,00	1,55
9 - Estratégia	719.623,01	749.607,30	951.663,03	nd	0,79
10 - Idéia	644.503,16	671.357,48	565.681,95	393.728,00	1,19
11 - RP Labor	380.218,81	396.061,26	641.369,58	274.667,00	0,62
12 - Intermédio	241.514,43	251.577,53	342.258,21	168.745,00	0,74
13 - Nicolau Amaral	212.751,07	221.815,70	256.478,92	nd	0,86
14 - Wey Comunicações	203.763,11	212.253,24	196.425,97	142.035,00	1,08
15 - Imagem	153.537,84	159.935,25	110.181,33	121.200,00	1,45
16 - G9 Comunicação	125.307,53	130.528,68	120.193,11	nd	1,09
17 - Resedá	nd	nd	183.748,04	138.666,00	nd
Totais	13.676.104,93	14.245.942,64	12.064.172,76	10.154.345,00	-

Fonte: ABERP – Associação Brasileira das Empresas de Relações Públicas.

Citamos aqui, mais uma vez, o artigo de Rolim Valença,[32] no qual ele diz:

O que os cursos devem prover aos profissionais é vantagem competitiva, não privilégios ou reservas de mercado. É tempo de acabar com tantos regulamentos e limitações desnecessários, que estão assustando o mercado de trabalho para os profissionais de relações públicas. (...) O Brasil está começando a se firmar como participante ativo do mercado global. É um mundo de competição pela eficiência, pelo lucro maior e pelo custo mais baixo, com a qualidade melhor possível. Um mundo que não olha diplomas, certificados, "títulos" ou registros – mas que exige resultados.

Há que haver maior intercâmbio e maior integração entre a universidade e o mercado profissional. A Escola de Comunicações e Artes da Universidade de São Paulo está vivendo uma experiência muito interessante nessa direção. A partir de 1993, por nossa iniciativa, iniciaram-se contatos com a ABERP com o objetivo de estudar a possibilidade de viabilizar um acordo de cooperação entre a escola e essa entidade, que acabaria sendo firmado em outubro de 1994.

O convênio estabeleceu as bases dos trabalhos a serem desenvolvidos em conjunto e, imediatamente, partiu-se para a ação. Entre as atividades já levadas a efeito ou em andamento, arrolam-se estágios remunerados para os alunos, em meio período, nas empresas filiadas e a realização de dois simpósios. Agora, acha-se em fase de impressão um livro encomendado pela diretoria da ABERP, organizado por nós, com o apoio da Escola de Comunicações e Artes, na qual lecionamos. Abordando uma grande variedade de temas estrategicamente escolhidos, elaborados por professores do Departamento de Relações Públicas, Propaganda e Turismo e profissionais de renome no setor, a obra terá como título *Obtendo resultados com relações públicas*.

VI. PRODUÇÃO CIENTÍFICA EM RELAÇÕES PÚBLICAS

Nesta seção, nosso objetivo é fornecer um panorama da produção científica de 1950 a 1995. Para tanto, percorremos a "Bibliografia Brasileira de Relações Públicas, Comunicação Empresarial e Opinião Pública (1950-1995)", por nós montada e da qual se falará no Capítulo 3. Extraímos dela apenas livros, teses e dissertações que conseguimos identificar nesse período.

1. Livros

Quanto aos livros, incluindo entre eles os traduzidos e alguns opúsculos, chegamos a levantar um total de 62, podendo existir mais alguns aos quais não tivemos acesso. Não é nosso intuito fazer aqui uma análise pormenorizada dessa produção, o que já foi preocupação de Maria Stella Thomazi em sua tese de doutorado.[33]

Em linhas gerais, podemos dizer que a maioria das obras se concentra muito mais nas técnicas de relações públicas do que em estudos teóricos. Percebe-se nitidamente uma tendência para o aspecto instrumental, o como-fazer, e as aplicações a determinados segmentos, como o empresarial e o governamental. São exceções, por exemplo, os livros: *Comunicação social e relações públicas*, de Walter Ramos Poyares, que, com base filosófica, faz uma análise profunda e objetiva das duas áreas; *Psico-sociologia das relações públicas*, de Cândido Teobaldo de Souza Andrade, apresentando os fundamentos do comportamento coletivo e enfatizando os conceitos de público e opinião pública, bases do processo de relações públicas; *Usos e abusos de relações públicas*, de José Xavier de Oliveira, abordando criticamente conceitos e práticas e revelando os bastidores do processo de regulamentação da profissão; *Relações públicas: função política*, de Roberto Porto Simões, com uma nova proposição teórica; e *Relações públicas no modo de produção capitalista*, de Cicília Maria Krohling Peruzzo, que questiona o *status quo* da atividade, analisando sua essência na aparência, dentro de um referencial dialético.

No conjunto, quem mais sobressaiu, quer pelo número de edições de suas obras, quer pela adoção destas nos cursos de relações públicas das escolas de comunicação, foram: Cândido Teobaldo de Souza Andrade, Roberto Porto Simões, Cicília M. Krohling Peruzzo, Margarida M. Krohling Kunsch, Hebe Wey, Martha d'Azevedo e Marcos F. Evangelista. Detém o maior número de publicações o professor Teobaldo, a quem coube também o pioneirismo do primeiro livro impresso e da primeira tese de doutorado nessa área no Brasil.

2. Teses e Dissertações

No que se refere a teses ou dissertações, na área de pós-graduação, foinos possível catalogar:

- Dez teses de doutorado: oito da Escola de Comunicações e Artes da Universidade de São Paulo; uma da Escola de Sociologia e Política de São Paulo; e uma da Faculdade de Educação da Pontifícia Universidade Católica do Rio Grande do Sul.

- Três teses de livre-docência, todas da Escola de Comunicações e Artes da Universidade de São Paulo.

- Trinta dissertações de mestrado: vinte e quatro da Escola de Comunicações e Artes da Universidade de São Paulo; quatro do Centro de Pós-Graduação em Comunicação do Instituto Metodista de Ensino Superior, de São Bernardo do Campo (SP); uma da Universidade Estadual Paulista, do campus de Marília (SP); e uma da Escola de Sociologia e Política de São Paulo.

Como se pode verificar, a Escola de Comunicações e Artes da Universidade de São Paulo é a instituição que formou o maior número de mestres e doutores em relações públicas até 1995.

Os temas mais explorados foram os seguintes, ao longo das três últimas décadas:

- Na década de 1970: conceituação, fundamentos, metodologia e função.

- Na década de 1980: aspectos políticos e filosóficos; planejamento; profissão; papel nas organizações, na área governamental, na formação da opinião pública, no contexto da administração, perante o consumidor, no meio rural e na defesa civil.

- Na década de 1990: teoria e prática; produção de conhecimento; comunicação dirigida escrita; ensino; função política; seu papel em organizações não-lucrativas, no contexto da comunicação empresarial, em conjunto com a área de recursos humanos, nos campos da saúde e do turismo, com relação ao mercado e ao meio ambiente.

Os autores de teses e dissertações que as publicaram em forma de livros foram: Cândido Teobaldo de Souza Andrade, Margarida M. Krohling Kunsch, Roberto Porto Simões, Hebe Wey, Cicília Maria Krohling Peruzzo, J. B. Pinho e Cleuza Cesca.

Pelos dados apresentados, conclui-se que o Brasil tem uma produção significativa na área de relações públicas. Faz-se necessário democratizá-la, estudá-la e avaliá-la, até mesmo para elevar seu nível. Será que toda a produção existente pode ser considerada como algo de novo e científico? A questão merece reflexão. Tudo isso certamente contribuirá para que a universidade cumpra sua missão de vanguarda na geração do conhecimento de que a sociedade tanto necessita.

Este capítulo reproduziu algumas considerações que julgamos relevantes para uma síntese da história, da evolução, do mercado e das tendências das relações públicas no Brasil. Nas páginas seguintes, apresentamos uma cronologia sintética de alguns fatos que marcaram direta ou indiretamente a área no Brasil, na década de 1910, quando ela surgiu, até a década de 1990, em que ela se prepara para fincar os pés no caminho da modernidade.

Apêndice

CRONOLOGIA DOS PRINCIPAIS FATOS DA HISTÓRIA DAS RELAÇÕES PÚBLICAS NO BRASIL

DÉCADA DE 1910

1914

Em 30 de janeiro, instala-se o primeiro Departamento de Relações Públicas no Brasil, pela The São Paulo Tramway and Power Company Limited (atual Eletropaulo), sob a responsabilidade de Eduardo Pinheiro Lobo.

DÉCADA DE 1920

1926

Cria-se a Diretoria de Publicidade da Secretaria da Agricultura do Estado de São Paulo.

1929

Instala-se em São Paulo a primeira multinacional de propaganda a chegar ao Brasil, a Thompson.

DÉCADA DE 1930

1934

Cria-se o Departamento de Propaganda e Difusão Cultural do Ministério da Justiça e de Negócios do Interior.

1939

Cria-se o Departamento de Imprensa e Propaganda (DIP) do Ministério da Justiça e de Negócios do Interior.

DÉCADA DE 1940

1940

Cria-se o Serviço de Informação Agrícola do Ministério da Agricultura.

1942

Publica-se, na *Revista do Serviço Público*, o artigo "Relações de administração com o público", de Newton Correia Ramalho. Para Cândido Teobaldo de Souza Andrade, foi o "marco inicial, no Brasil, do estudo e da aplicação de relações públicas na área governamental federal".

1946

O Departamento Administrativo do Serviço Público determina as atividades de relações públicas para promover boas relações com o público e os demais órgãos da administração pública.

1949

No Instituto de Administração da Universidade de São Paulo, o Prof. Mário Wagner da Cunha realiza várias conferências sobre Relações Públicas e Suas Relações com a Propaganda e as Ciências Sociais.

DÉCADA DE 1950

1951

A Companhia Siderúrgica Nacional, em Volta Redonda (RJ), cria o primeiro Departamento de Relações Públicas genuinamente nacional.

1952

Cria-se em São Paulo, por iniciativa de Inácio Penteado da Silva Teles e Romildo Fernandes, a primeira empresa brasileira de relações públicas, a Companhia Nacional de Relações Públicas e Propaganda, registrada na Junta Comercial do Estado de São Paulo sob o nº 63.268, com o objetivo de prestar serviços especializados de relações públicas, Formação de Opinião Pública e Propaganda.

1953

O professor norte-americano Eric Carlson realiza no Brasil o primeiro curso de relações públicas, promovido pela Escola Brasileira de Administração Pública, da Fundação Getúlio Vargas, do Rio de Janeiro, sob o patrocínio da Organização das Nações Unidas (ONU).

1954

Em 4 de março, reúne-se pela primeira vez, em São Paulo, o chamado "Grupo de Relações Públicas", para discutir a criação de uma associação de relações públicas. Em 21 de julho, é fundada em São Paulo a ABRP, cujos primeiros estatutos são registrados no dia 18 de agosto, sob o nº 3.391, no Cartório Adalberto Netto.

Criam-se os primeiros cursos especializados e as primeiras assessorias de relações públicas e são lançadas as primeiras publicações da área.

Implanta-se o primeiro serviço oficial de relações públicas em São Paulo, a Seção de Relações Públicas do Departamento de Águas e Esgotos.

1955

Introduz-se a disciplina de relações públicas na Escola Superior de Administração e Negócios, da Fundação de Ciências Aplicadas.

1956

Realiza-se em São Paulo um seminário sobre A Importância dos Modernos Serviços de Informação Governamental, sua Política e sua Organização.

1958

Realiza-se no Rio de Janeiro o I Seminário Brasileiro de Relações Públicas.

DÉCADA DE 1960

1962

É fundada em São Paulo, por José Rolim Valença e José Carlos Fonseca Ferreira, a AAB, considerada uma verdadeira escola de formação profissional da área.

1963

Realiza-se no Rio de Janeiro a IV Conferência Interamericana de Relações Públicas, com a participação de Brasil, Chile, Equador, Colômbia, Uruguai, Argentina, Peru, Paraguai, Antilhas, Panamá, Porto Rico, Estados Unidos e Holanda.

Define-se oficialmente o conceito das relações públicas, aprovado pela Federação Interamericana de Associações de Relações Públicas (FIARP), em 8 de outubro:

> Entende-se por relações públicas o esforço deliberado, planificado, coeso e contínuo da alta administração, para estabelecer e manter uma compreensão mútua entre uma organização, pública ou privada, e seu pessoal, assim como entre essa organização e todos os grupos aos quais está ligada, direta ou indiretamente.

1964

Uma ala dissidente da Seção do Estado de São Paulo da ABRP cria, em São Paulo, a AERP. Incentivada por José Roberto Whitaker Penteado, que ministrava cursos de relações públicas e comunicação humana na Associação de Dirigentes de Vendas do Brasil (ADVB), ela teria vida curta.

1967

A Escola de Comunicações e Artes da Universidade de São Paulo introduz no Brasil o primeiro curso superior de relações públicas com duração de quatro anos.

Realiza-se no Rio de Janeiro o IV Congresso Mundial de Relações Públicas.

Pela lei nº 5.377, de 11 de dezembro, disciplina-se a profissão de relações públicas. O Brasil foi o primeiro país no mundo a fazer uma legislação sobre a profissão de relações públicas, no que foi seguido apenas por mais dois países – o Peru e o Panamá.

1968

Em 26 de setembro, regulamenta-se a lei nº 5.377, de 11 de dezembro de 1967, que disciplina a profissão de relações públicas. No mesmo dia, pelo decreto nº 63.283, o presidente da República promulga a lei.

Em 15 de janeiro, cria-se a AERP, pelo decreto nº 62.119, com competência para administrar o sistema de relações públicas no âmbito do Poder Executivo. Em 25 de fevereiro, pelo decreto-lei nº 200, os ministérios foram autorizados a montar subsistemas de relações públicas.

1969

O decreto-lei nº 860, de 11 de setembro, dispõe sobre a constituição do Conferp e seus conselhos regionais.

DÉCADA DE 1970

1971

Em 4 de maio, pelo decreto nº 6.582, criam-se o Conselho Federal e os Conselhos Regionais de Profissionais de Relações Públicas.

1972

Realiza-se em Petrópolis (RJ) o I Congresso Brasileiro de Relações Públicas, promovido pela ABRP.

1975

Pelo decreto nº 75.200, de 9 de janeiro, extingue-se a AERP, que é substituída pela AIRP.

1976

Pelo decreto nº 77.000, de 9 de janeiro, desmembra-se a AIRP, isolando-se dela a ARP como órgão central de comunicação do Poder Executivo.

1978

Cria-se a Associação Profissional de Profissionais de Relações Públicas (APPRP) do Rio de Janeiro.

Formula-se a definição operacional da atividade de relações públicas pelo "Acordo do México":

> O exercício da profissão de relações públicas requer ação planejada, com apoio da pesquisa, comunicação sistemática e participação programada, para elevar o nível de entendimento, solidariedade e colaboração entre uma entidade, pública ou privada, e os grupos sociais a ela ligados, em um processo de integração de interesses legítimos, para promover seu desenvolvimento recíproco e da comunidade a que pertencem.

1979

Pela lei nº 6.650, de 23 de maio, cria-se no poder público federal, com o *status* de ministério, a Secom, que, no campo das relações públicas, iria dedicar-se à construção de uma nova imagem para o presidente, mediante eventos cívicos e atividades culturais. Foi extinta em 18 de dezembro de 1980.

De 12 a 15 de novembro, realiza-se em São Paulo a XI Conferência Interamericana de Relações Públicas, promovida pela FIARP e pela ABRP.

DÉCADA DE 1980

1980

A lei nº 6.839, de 30 de outubro, dispõe sobre o registro de empresas nas entidades fiscalizadoras do exercício da profissão.

Cria-se o Prêmio Opinião Pública, pelo Conrerp da 2ª Região (São Paulo e Paraná), na gestão de Nemércio Nogueira.

1981

Instala-se o Sindicato dos Trabalhadores de Relações Públicas do Rio Grande do Sul.

1982

Institui-se na Seção do Estado de São Paulo da ABRP, por iniciativa da diretoria cultural, o Concurso de Monografias e Projetos Experimentais, voltado para os alunos do último ano dos cursos paulistas de relações públicas, depois estendido para todo o Brasil.

1983

Funda-se a ABERP.

1984

Institui-se, pela lei nº 7.197, de 14 de junho, o Dia Nacional das Relações Públicas, comemorado no dia 2 de dezembro.

Funda-se a APPRP do Estado de São Paulo.

Instala-se o Sindicato dos Profissionais Liberais de Relações Públicas do Estado do Rio de Janeiro.

1985

Instala-se o Sindicato dos Profissionais Liberais de Relações Públicas do Estado de São Paulo.

1987

Instalam-se os sindicatos dos Profissionais Liberais de Relações Públicas do Estado de Minas Gerais, do Estado de Pernambuco e do Estado de Alagoas.

1988

Realiza-se em São Paulo o I Curso de Aperfeiçoamento para Professores de Relações Públicas, por iniciativa do Departamento de Relações Públicas, Propaganda e Turismo da Escola de Comunicações e Artes da Universidade de São Paulo, da Intercom e da Associação Brasileira das Escolas de Comunicação (Abecom).

1989

Comemorando o Dia Interamericano de Relações Públicas (26 de setembro), realiza-se em São Paulo o I Fórum de Debates por uma Linguagem Única para as Relações Públicas.

DÉCADA DE 1990

1990

A Escola de Comunicações e Artes da Universidade de São Paulo promove um simpósio acadêmico sobre a Formação do Profissional de Relações Públicas na Universidade.

1992

A Faculdade dos Meios de Comunicação Social (Famecos) da Pontifícia Universidade Católica do Rio Grande do Sul promove, de 9 a 11 de julho, um seminário nacional sobre Paradigmas no Ensino de Relações Públicas.

1993

Instala-se o Sindicato de Profissionais Liberais de Relações Públicas do Estado de Roraima.

Institui-se, pelo decreto nº 785, de 27 de março, o Sistema Integrado de Comunicação Social (Sicom) da Administração Pública Federal.

1994

O Conferp realiza, de 12 a 13 de agosto, com o apoio da Escola de Comunicações e Artes da Universidade de São Paulo, um fórum de debates sobre O Conceito Normativo de Relações Públicas e o Papel dos Conselhos e suas Ações Operacionais.

1996

Pelo decreto nº 2004, de 11 de setembro, o Sicom passa a denominar-se Sistema de Comunicação Social do Poder Executivo Federal. Tendo como órgão central a Secom da Presidência da República, administra todas as atividades de comunicação de ministérios, órgãos setoriais da presidência, autarquias, fundações e sociedades governamentais. Suas ações, orientadas pelo Plano de Comunicação Institucional (PCI) e pelo Plano Anual de Comunicação (PAC), abrangem as áreas de imprensa, relações públicas e publicidade (propaganda institucional e mercadológica, publicidade legal, promoção institucional e mercadológica).

REFERÊNCIAS BIBLIOGRÁFICAS E NOTAS EXPLICATIVAS

1. Para detalhes, consultar: ANDRADE, C. Teobaldo de Souza. *Para entender relações públicas*, pp. 55-88. Idem. *Panorama histórico de relações públicas.* GURGEL, J. Bosco Serra e. *Cronologia da evolução histórica das relações públicas.* WEY, Hebe. *O processo de relações públicas*, pp. 29-36.
2. Sobre a evolução inicial das relações públicas, lado a lado com a da propaganda, no contexto do *boom* empresarial da década de 1950, consultar: ABERP. *A atividade empresarial de relações públicas,* pp. 6-7.
3. CHAVES, Sylla M. *Aspectos de relações públicas*, p. 3.
4. Para conhecer os detalhes de todo esse trabalho, consultar THOMAZI, Maria Stella. *O ensino e a pesquisa em relações públicas no Brasil e sua repercussão na profissão*, pp. 26-31.

5. Consultar, para obter mais informações sobre a fundação da entidade e sua trajetória: VALENÇA, José Rolim. "Relações públicas – concorrente e aliada". *In:* BRANCO, R. C. *et alii. História da propaganda no Brasil*, pp. 114-115; SPEERS, Nelson. "Recordando 25 anos de ABRP e de relações públicas também." *In:* ANDRADE, C. T. de Souza. *Guia brasileiro de relações públicas*, pp. 1-125; THOMAZI, Maria Stella. *Contribuição da ABRP para a profissão de relações públicas no Brasil*, pp. 60-80.

6. Cf. OLIVEIRA, José Xavier de. *Usos e abusos de relações públicas*, pp. 227-228.

7. VALENÇA, J. Rolim. *Op. cit.*, p. 115.

8. OLIVEIRA, José Xavier de. *Op. cit.*, pp. 175-180.

9. OLIVEIRA, José Xavier de. *Op. cit.*, pp. 194-225.

10. OLIVEIRA, José Xavier de. *Op. cit.*, pp. 212-214.

11. ROLIM VALENÇA, José. "R.P. em tempos de mercado global. A proteção que virou canibalismo." *In: Conrerp em Ação*, ano 4, nº 3, outubro de 1995.

12. O Panamá foi o segundo país do mundo a regulamentar a profissão de relações públicas, pela lei nº 37, de 22 de outubro de 1980. E o Peru, o terceiro, pela lei nº 25.250, de 19 de junho de 1990. Cf. ANDRADE, C. T. de Souza. *Para entender relações públicas*, pp. 70 e 71.

13. SKIDMORE, Thomas E. *Brasil: de Castelo a Tancredo, 1964 a 1985*, p. 221.

14. VALENÇA, J. Rolim. *Op. cit.*, p. 117. Hoje a AAB integra a multinacional Standard, Ogilvy & Mather. Seu dois fundadores optaram por ter pequenas empresas próprias.

15. TOLEDO DE CAMARGO, José Maria. "Publicidade comercial e comunicação do governo." *In:* ASSOCIAÇÃO BRASILEIRA DE ANUNCIANTES (ABA). *Seminário de reciclagem de mídia*, p. 8.

16. Idem. *Apud:* RAMPAZZO, Glinei. "A imagem oficial, retocada para o consumo." *In:* jornal *O Estado de S. Paulo*. São Paulo, 16 de outubro de 1967.

17. CUNHA, João. *In:* RAMPAZZO, Glinei. *Op. cit.*

18. FARO, J. S. "A comunicação populista no Brasil: o DIP e a Secom." *In:* MARQUES DE MELO, José (org.). *Populismo e comunicação*, pp. 85-92.

19. *Em integrar a Comunicação Organizacional*, diríamos nós, segundo posicionamento adotado ao longo desta obra.

20. NASSAR, Paulo e FIGUEIREDO, Rubens. *Comunicação Empresarial*, p. 14.

21. Ele serviu de base para a produção do livro *Portas abertas*: a experiência da Rhodia. Novos caminhos da comunicação social na empresa moderna, de Célia Valente e Walter Nori.

22. TORQUATO DO REGO, Francisco Gaudêncio. *Comunicação empresarial, comunicação institucional*: estratégias, sistemas, estruturas, planejamento e técnicas. São Paulo, Summus, 1986.

23. KUNSCH, Margarida Maria Krohling. *Planejamento de relações públicas na comunicação integrada*. São Paulo, Summus, 1986.

24. KUNSCH, Margarida Maria Krohling. "Relações públicas comunitárias: um desafio." In: revista *Comunicação e Sociedade*, ano VI, nº 21, jun. de 1984, pp. 131-150.

25. Idem. "Propostas alternativas de relações públicas." In: *Revista Brasileira de Comunicação*, ano X, nº 57, jul.-dez. de 1987, pp. 48-58.

26. Faculdade dos Meios de Comunicação Social (Famecos) da Pontifícia Universidade Católica do Rio Grande do Sul. *Paradigmas no ensino das relações públicas*, p. 8.

27. IANHEZ, João Alberto. "Desregulamentação." *In: Conrerp em Ação*, jun. de 1993, pp. 2-3.

28. O boletim *Conrerp em Ação*, em outubro de 1993, dedicou toda uma edição especial ao tema da desregulamentação, reproduzindo a proposta do Conrerp da 2ª Região, uma entrevista com Edson Schettine de Aguiar, além das cartas enviadas por João Alberto Ianhez aos presidentes do Conferp e do Conrerp da 1ª Região.

29. FREITAS, Sidinéia Gomes. "Repensando a profissão ou um réquiem pelas relações públicas." In: *Conrerp em Ação*, jul. de 1994, p. 1.

30. THOMAZI, Maria Stella. *Contribuição da Associação Brasileira de Relações Públicas para a profissão de relações públicas no Brasil*, pp. 116-138.

31. RPensando – Boletim do Curso de Relações Públicas da Escola de Comunicações e Artes da Universidade de São Paulo, ano III, nº 6, jan.-jun. de 1996, p. 2.

32. Cf. nota nº 10 deste capítulo.

33. THOMAZI, Maria Stella. *O ensino e a pesquisa em relações públicas no Brasil e sua repercussão na profissão*, pp. 17-67.

Capítulo 2

COMUNICAÇÃO ORGANIZACIONAL: UM EXAME DE SEU PROCESSO HISTÓRICO NO BRASIL

I. ANTECEDENTES

As áreas de jornalismo empresarial e de comunicação organizacional, na forma em que elas se acham configuradas hoje em dia, são frutos de sementes lançadas no período da Revolução Industrial do século passado, que ensejaria grandes e rápidas transformações em todo o mundo. Ela, com a conseqüente expansão das empresas a partir do século XIX, propiciou o surgimento de mudanças radicais no relacionamento, nas maneiras de produzir e nos processos de comercialização. Nesse contexto é que se devem buscar as causas do surgimento do jornalismo empresarial e da própria comunicação organizacional, que sintetizamos na seqüência, com base em estudos de Gaudêncio Torquato:[1]

- O progresso das indústrias trouxe consigo a automação, dando-se então uma mudança radical nas relações que antes vigoravam entre empregadores e empregados nas manufaturas domésticas, onde elas eram interpessoais e familiares.

- A divisão do trabalho e a conseqüente necessidade de maior especialização, decorrentes da criação de unidades separadas na estrutura organizacional, implicaram a necessidade de melhor compreensão do processo como um todo.

- O êxodo de pessoas do campo para a cidade, para trabalhar nas indústrias como operários, provocou um choque cultural.

- Essa migração de grandes contingentes de camponeses, atraídos pelas fábricas, ocasionou também um rápido crescimento das cidades, gerando novos problemas sociais.

- As facilidades inerentes ao regime de produção em massa passaram a exigir das organizações, no contexto de um regime competitivo, maiores esforços para torná-las conhecidas e promover seus produtos e serviços, iniciando-se então todo um trabalho de comunicação mercadológica.

- Os processos de editoração e impressão, que, à medida que se dava o crescimento tecnológico, foram tendo seus custos barateados, possibilitaram um avanço gradativo na produção de publicações.

- O desenvolvimento dos meios de comunicação de massa e das indústrias das comunicações influenciou no comportamento das empresas, que se viram compelidas a prestar mais informações aos seus públicos.

- A conscientização gradativa do operariado, com os choques entre o capital e o trabalho, fez despontar a imprensa sindical, que gerou o aparecimento da comunicação empresarial como uma forma de reagir à nova realidade.

Esse quadro obrigaria as organizações a criar novas formas de comunicação com o público interno, por meio de publicações dirigidas especialmente aos empregados, e com o externo, por meio de publicações centradas na divulgação de produtos, para fazer frente à concorrência.

Foi esse o contexto das origens de um tipo de comunicação que, tendo nascido sob a égide das relações públicas ou das relações industriais,[2] assumiria, com a evolução do tempo, a feição característica de um jornalismo empresarial.[3]

II. A EXPERIÊNCIA BRASILEIRA

O surgimento dos primeiros jornais de empresa no país deu-se bem tardiamente em relação à Europa e aos Estados Unidos. Há uma defasagem de quase cem anos, se considerarmos que a primeira publicação mundial nesse campo, a norte-americana *Lowell Offering*, foi lançada em 1840, enquanto aqui o pioneiro *Boletim Light* seria editado em 1925. Na verdade, nossa "revolução industrial" só veio a acontecer em 1930,[4] antes do que as empresas ainda não sentiam tanta necessidade de iniciativas desse tipo.

Assim, o jornalismo empresarial, a exemplo das relações públicas, começaria a configurar-se efetivamente em nosso meio a partir da década de 1950, como uma conseqüência natural da aceleração que se imprimiu ao processo de industrialização. O trabalho desenvolvido a partir de então por essas duas áreas seria um prenúncio de uma comunicação empresarial integrada. Destacaremos isso no Capítulo 3, com a pesquisa realizada sobre o assunto, mormente no que tange à contribuição das relações públicas para a consumação desse fato, o que também está implícito nas entrelinhas de nossa exposição, na seqüência.

Um incremento real só viria a ter lugar na década de 1960, com a expansão dos departamentos de relações públicas e de relações industriais nas grandes empresas multinacionais, que trouxeram suas experiências dos países de origem. As publicações empresariais passaram a ser cada vez mais valorizadas como um meio imprescindível para atender às novas demandas da comunidade e da opinião pública, desencadeadas com o desenvolvimento rápido da economia e da sociedade brasileira. E, à medida que a conjuntura e as estruturas se sofisticavam, também havia mister de aperfeiçoar o relacionamento entre o capital e o trabalho e entre a organização e seu universo de públicos externos. Assim, os profissionais que atuavam nos mencionados departamentos logo perceberam a necessidade de um maior nível de qualidade editorial e técnica para tais publicações, mediante uma aglutinação de esforços com essa finalidade.

A comunicação organizacional passaria, sucessivamente, por uma era do *produto* (década de 1950), da *imagem* (década de 1960), da *estratégia* (décadas de 1970 e 1980) e da *globalização* (década de 1990).[5]

1. A Aberje, Embrião da Comunicação Organizacional

Em agosto de 1967, até mesmo como uma forma de incentivo nesse sentido, a Associação Brasileira de Administração de Pessoal (Abape) lançou o I Concurso Nacional de Revistas e Jornais de Empresa. E, apenas dois meses depois, cerca de cem representantes de empresas reuniam-se na I Convenção Nacional de Editores de Revistas e Jornais de Empresa, que daria origem à Associação Brasileira dos Editores de Revistas e Jornais de Empresa (Aberj). Era uma prova mais do que evidente do interesse e do elã que tomava conta das organizações no que se refere à comunicação.

A Aberje surgiu graças à liderança de Nilo Luchetti, então editor da revista *Notícias Pirelli*, como chefe de relações sociais dessa empresa. Ninguém melhor do que o próprio para fazer o recorte desse capítulo da história da comunicação organizacional no Brasil. Em nossa pesquisa, quando o entrevistamos sobre essa área, ele nos deu seu depoimento por escrito, atribuindo à entidade o título de "embrião teórico e prático da comunicação empresarial.

> A análise criteriosa dessa raiz requereria, a meu ver, um ensaio especial, dadas as variáveis que a envolvem. Contudo, irei limitar-me ao significado histórico primário do relevante acontecimento.
>
> Em meados do mês de junho de 1967, por minha iniciativa, alicerçada em amplas documentações de empresas européias, criou-se uma comissão de estudos com o objetivo de realizar uma Convenção Nacional de Editores de Jornais e Revistas de Empresa, para um proveitoso intercâmbio de idéias sobre o tema

específico da comunicação nas organizações. Foram convidadas e envolveram-se efetivamente a Pirelli, a Volkswagen, a Alcan, a Willys Overland e a General Electric.

A convenção teve lugar no auditório da sede central da Pirelli, em São Paulo, no dia 8 de outubro de 1967.

Deve-se pôr em especial evidência que mais de 80 editores, por unanimidade, consideraram a necessidade de se criar o especialista, profissionalmente definido, da complexa problemática do relacionamento empresa/empregado ou empresa/cliente, ou ainda empresa/fornecedores, evidentemente em dicotomia com a função genérica de relações públicas (do sistema e da visão norte-americana de *public relations*). Aliás, alguns dos participantes dessa convenção nacional pertenciam a departamentos de relações públicas.

Nessa época, trinta anos atrás, a convenção resultara em uma visão mais condizente com as reais e específicas necessidades das organizações empresariais privadas e públicas no Brasil. Ressaltara-se com vigor a necessidade de qualidade e racionalização da comunicação.

Vale lembrar que nesse dia, concomitantemente aos trabalhos e no mesmo local, por oportuna iniciativa da Abape, teve lugar a I Exposição Nacional de Publicações Empresariais. Foram premiadas as melhores, previamente escolhidas por um júri composto por personalidades de relevo, entre as quais o Prof. Dr. Julio García Morejón, diretor da Escola de Comunicações e Artes da Universidade de São Paulo, o Dr. Victor Civita, fundador da Editora Abril, e o jornalista César Tácito Lopes Costa, do jornal *O Estado de S. Paulo*.[6]

No decorrer da convenção, o Prof. Siegfried Hoyler, presidente da Abape, proferiu palestra sob o título O Valor das Comunicações nas Empresas, lembrando, com destaque, que a maioria das publicações empresariais brasileiras era editada no âmbito dos setores de Recursos Humanos.

A convenção seria concluída com a aprovação democrática, e sem objeções, da fundação de uma associação sob a denominação de Aberje, similar a associações do gênero existentes em vários países do mundo e a primeira da América Latina. Uma entidade que iniciaria suas atividades a partir do ideal de acompanhar de perto o processo de desenvolvimento do mundo na área das comunicações.

De acordo com Luchetti, a fundação oficial da Aberje deu-se em 9 de novembro, no auditório do jornal *Folha de S. Paulo*. Entrementes, um comitê executivo, formado por membros delegados das empresas, reunia-se na Vidrobrás para a redação dos estatutos sociais, que seriam aprovados no dia 10 de junho de 1968, em assembléia geral das empresas consideradas fundadoras. Nessa mesma data também se elegeu sua primeira diretoria executiva,[7] integrada por: Nilo Luchetti (Pirelli), presidente; Yvonildo de Souza (Vidrobrás), 1º vice-presidente; Luiz Antônio Cotrim Oliveira (Willys Overland), 2º vice-presidente; Carlos Caprara (Laminações Brasil), 1º secretário; José Finelli (Pirelli), 1º tesoureiro; Renato Lutti (Pirelli), 2º tesoureiro; Rafael Cantoni Neto (Avon), diretor cultural; e João Alberto Ianhez (General Electric), diretor de divulgação.

a) Aglutinando Esforços

De acordo com os estatutos, os principais objetivos da entidade seriam: reunir e integrar todos os profissionais, estudiosos e entidades cujas atividades estivessem ligadas às revistas e aos jornais de empresa; propugnar para que o nome dos responsáveis por esses veículos fossem mencionados em seu expediente; defender os interesses da classe; aprimorar o padrão técnico e cultural das publicações, mediante um intercâmbio no país e no exterior, abrangendo troca e análise de experiências, estudos de novas técnicas e sua divulgação; incrementar a realização de seminários, conferências, cursos, palestras e congressos.

A Aberje contribuiu decisivamente para o aperfeiçoamento das publicações empresariais e para o desenvolvimento da comunicação organizacional no Brasil. Torquato lembra:

> Na época de sua criação, reinava completa improvisação. Funcionários de escalões inferiores reuniam-se para fazer o jornal ou boletim, escreviam eles próprios os textos, faziam os desenhos, ajeitavam de qualquer maneira a forma gráfica da publicação, datilografavam tudo e realizavam até o trabalho de impressão em mimeógrafos. Muitas publicações já morriam no nascedouro, condenadas pela indefinição de objetivos, pelo amadorismo e pelo completo desconhecimento técnico de seus planejadores.[8]

b) Delineando Tendências

É possível detectar duas etapas distintas na trajetória da Aberje. Na primeira, de 1967 a 1983, a preocupação dominante girava em torno da organização do setor e da profissionalização das publicações empresarias. Na segunda, de 1983 até hoje, a atuação concentra-se mais na ampliação do conceito e dos objetivos da entidade, numa visão mais abrangente da comunicação organizacional.[9]

Baseando-nos em fontes documentais e depoimentos colhidos na pesquisa feita junto a seus ex-presidentes, podemos analisar os anos de 1967 a 1983 como um período dedicado à conscientização da importância das publicações empresariais, à aglutinação de esforços corporativos para a consolidação da área e à necessidade de profissionalizar o setor. Ou seja, a preocupação maior era com a qualidade dos produtos e o treinamento técnico dos responsáveis. Para incentivar os editores e as empresas quanto a esses objetivos, Nilo Luchetti, já em sua primeira gestão, institucionalizou o Prêmio Aberje, que, conferido periodicamente às empresas que se destacaram no ano anterior, perdura até hoje.

Nessa primeira etapa, as diretorias tiveram como presidentes: Nilo Luchetti (1968-1972; 1975-1977); Luiz Gonzaga Bertelli (1972-1975); e Elisa Vannucini (1977-1983).[10]

A partir de 1983, a Aberje começou a lidar também com outros aspectos da comunicação empresarial como um todo. "O editor de publicações deixa de ser o grande foco de concentração das atividades da entidade."[11] Trata-se de um fato elucidativo para o que analisamos no capítulo anterior, ou seja, que a década de 1980 foi marcada exatamente por uma maior amplitude das atividades comunicacionais, traduzidas mesmo por nomenclaturas mais abrangentes. Assim, em 1989, ela alterou seus estatutos e passou a denominar-se Associação Brasileira de Comunicação Empresarial (Aberje).

A entidade estabeleceu filiais em seis regiões: Rio de Janeiro (Estado do Rio de Janeiro); Brasília (Distrito Federal, Espírito Santo, Goiás, Mato Grosso, Mato Grosso do Sul, Amazonas e Pará); Porto Alegre (Rio Grande do Sul); Belo Horizonte (Minas Gerais); Salvador (Bahia, Pernambuco, Sergipe, Maranhão e Ceará); e Curitiba (Paraná e Santa Catarina).

Manteve-se o Prêmio Aberje, que passou por algumas mudanças e foi ampliado. Em uma primeira fase, ele é realizado nas seis regiões, cujos trabalhos escolhidos concorrem à versão nacional. Em sua 22ª edição, no dia 26 de novembro de 1996, foram contempladas 21 categorias, dentro de um espectro que há anos já não privilegia mais só o *jornalismo empresarial*, mas uma *comunicação organizacional*: publicação especial (livro ou revista sobre tema cultural ou comemorativo); relatório de administração; atendimento ao consumidor (conjunto de ações voltadas ao consumidor e ao público interno das empresas); revista interna; revista externa; jornal interno; jornal externo; boletim interno; boletim externo; campanha de comunicação interna; campanha de comunicação externa; vídeo de comunicação interna; vídeo de comunicação externa; jornal mural; assessoria de imprensa; inovação em tecnologia; inovação em revista; inovação em qualidade; inovação em treinamento; inovação institucional; inovação em multimídia. Simultaneamente, a Aberje distingue a Empresa do Ano em Comunicação Empresarial, pelo tratamento dispensado a esta como área estratégica de resultados.

Até agora, presidiram as diretorias nessa segunda etapa: Amaury Beleza Marchese (1983-1989); Miguel Jorge (1990-1992); Antônio Alberto Prado (1993-1995); e Ruy Martins Altenfelder Silva (1996-1998).

c) Abrindo Novas Janelas

A atual gestão levou a efeito um planejamento estratégico para o triênio 1996-1998, que prevê: a dinamização e revitalização de atividades já implantadas anteriormente; a proposta de um código de ética (como base para a criação de um conselho); o aperfeiçoamento do sistema de publicações; e a intensificação de relações com organismos internacionais similares (Associação Portuguesa de Comunicação de Empresa; International Association of Business Communicators (IABC); Public Relations Society of America (PRSA); e American Communication Association (ACA)). Segundo o atual presidente, *"o documento leva em conta a mudança do perfil de atuação da comunicação empresarial à luz de fatores como globalização, qualidade, competititividade, democratização e organização da sociedade"*.[12]

A Aberje foi a primeira entidade de comunicação social do país a colocar os seus serviços na Internet, em 1996, por meio do "Aberje on-line", que permite aos associados estabelecer *links* com entidades, universidades, centros e bibliotecas nacionais e internacionais voltadas para o estudo da comunicação organizacional. (Deve-se atentar para os nomes *comunicação social* e *comunicação organizacional*, que ela própria utilizou no boletim *Ação*, na edição que apresentou o sistema on-line).[13] A revista *Comunicação Empresarial*, de elevado nível editorial e gráfico, trimestral, consolidou-se como órgão oficial da classe. *Ação* tornou-se quinzenal. A programação de cursos foi ampliada e diversificada, ocorrendo um evento por semana, em média. O fórum que se realiza mensalmente já se tornou uma referência na área de comunicação organizacional.

Neste ano de 1997, a entidade comemorará trinta anos de atividades. Diz Ruy Altenfelder, a propósito:

> Durante esse período, [ela] soube manter-se em sintonia com as mudanças ocorridas na economia e no ambiente profissional. [Seu] maior objetivo sempre foi o de trabalhar para o aprimoramento da comunicação empresarial. (...) Fez isso ao reforçar sua inserção social, ao fortalecer sua imagem institucional e ao estabelecer o debate sobre os novos paradigmas da comunicação. Também o faz quando se dispõe a discutir e promover o debate sobre a comunicação como instrumento de gestão estratégica e área de resultado nas organizações.[14]

Se a Aberje atingiu hoje tal expressão em sua atuação e conseguiu aglutinar centenas de associados, é porque ela foi lançada com bases sólidas pelos seus fundadores, já tendo nascido com as marcas da credibilidade e de uma postura democrática. Em nossa opinião, há que se reconhecer para sempre os méritos de um Nilo Luchetti, incansável e apaixonado defensor dessa causa, e de outros pioneiros que, partindo do nada, vislumbraram o horizonte promissor da comunicação organizacional no Brasil.

2. A Proal, Desenvolvendo o Jornalismo Empresarial

A Proal foi criada em 1968, em São Paulo, com a finalidade precípua de prestar serviços de consultoria a publicações empresariais. Segundo um depoimento colhido quando de nossa pesquisa, foi uma "forma pioneira de terceirização dos serviços de comunicação, tão presente nos dias de hoje". Ela teve um papel muito importante para o desenvolvimento do verdadeiro jornalismo empresarial. Manuel Carlos Chaparro, um dos fundadores, faz o seguinte comentário ao discorrer sobre o avanço da comunicação organizacional no Brasil:

> Outra raiz está em uma empresa nascida do desemprego que atingiu o meio jornalístico nos meses pós-AI 5: a Proal, invenção minha. Não vou contar aqui a história da Proal. Mas haverei de escrevê-la algum dia destes, para evitar o prejuízo do esquecimento. A Proal foi a verdadeira matriz da profissionalização no jornalismo empresarial.[15]

a) A Alavanca do Idealismo

A principal atividade dessa empresa era a assessoria, a planificação, a execução editorial e a supervisão técnica de jornais e revistas para terceiros, além da produção de relatórios, boletins, folhetos promocionais e reportagens especiais. Os serviços compreendiam desde o planejamento e a pesquisa editorial até a redação, copidescagem de textos, fotografia, revisão, diagramação, leiautação, confecção de artes-finais e acompanhamento de todas as fases do processo industrial (composição, montagem e impressão).[16] Além disso, ela promovia cursos de jornalismo empresarial para os profissionais que produziam publicações institucionais nas organizações.

A Proal era integrada pelo Centro de Pesquisa de Jornalismo Empresarial (Cepeje), que tinha por objetivos:

- Proporcionar o estudo sistemático e em profundidade do jornalismo aplicado às empresas, mediante pesquisas constantes em torno de objetivos, imagem, planejamento e especificações técnicas de veículos, conteúdo e linguagem, ilustração e apresentação gráfica.

- Servir de suporte às necessidades de comunicação das organizações, por meio do planejamento contínuo de medidas práticas.

- Manter contatos efetivos e intercâmbio de informações com entidades nacionais e internacionais, no sentido de enriquecimento recíproco em torno da problemática do jornalismo empresarial.[17]

O Cepeje era responsável pela produção dos *Cadernos Proal*, que na época representaram um notável avanço para o setor. Os editoriais demonstravam o idealismo e o entusiasmo de seus autores. Os artigos eram, em uma primeira fase (1971-1972, nn. 1-4), voltados para o objetivo básico. Um deles, de Gaudêncio Torquato,[18] foi até mesmo traduzido para o espanhol pela Editorial Méndez, de Lima (Peru), com o título de "Periodismo empresarial", e levado para Cuba sem que ele soubesse, conforme nos contou. E as cartas dos leitores eram uma comprovação positiva de que os pioneiros estavam no caminho certo.

Foi também nesse período, mais precisamente em 1972, que Torquato defendeu na Escola de Comunicações e Artes da Universidade de São Paulo sua tese de doutorado sobre *"Comunicação na empresa*[19] e o jornalismo empresarial*". Cabe a ele então o mérito da autoria do primeiro trabalho acadêmico sobre esse tema, em uma época em que falar de algo que representasse benefícios para "empresas capitalistas" era considerado um "pecado mortal" no meio universitário.

b) Alargando o Horizonte

Em uma segunda fase (1977-1978), agora já chamados de *Cadernos de Comunicação Proal*,[20] estes não só assumem um novo formato e melhor qualidade editorial, mas, principalmente, passam a abordar um conteúdo ampliado e diversificado, que era mencionado junto com o nome: "Estudos, debates e análises de temas da comunicação de massa".

Deve-se destacar um artigo abordando a comunicação na grande empresa.[21] Nele, Dimitri Weiss, da Universidade de Paris I, escreve, entre outras coisas, que é preciso haver um diretor encarregado da coordenação de todas as atividades de informação dentro de uma política global. "Teremos amanhã, em nossas empresas, uma célula de informação, uma célula global." Publicando-o, a Proal endossava, de alguma forma, a tendência no sentido de uma *comunicação organizacional*, sobreposta ao *jornalismo empresarial.* E, mais, o autor já deixava entrever o que nós hoje defendemos como "comunicação integrada nas organizações".

Os cadernos, nessa nova fase, tinham em vista, exatamente, "deixar a vereda do jornalismo empresarial para se embrenhar por caminhos mais largos, campos mais densos (...), abarcar a multiplicidade de linhas que tecem a complexa área da comunicação (...)". Como projeto inspirado e dirigido por profissionais diretamente vinculados ao jornalismo, eles teriam, evidentemente, uma aproximação maior com esta área. No entanto, procurariam "enriquecer sua proposta editorial com trabalhos, pesquisas, ensaios e artigos sobre outros campos, principalmente os de editoração, publicidade, cinema, teatro, documentação, relações públicas, ensino da comunicação (...)".[22]

Mas seus pontos fortes nesse período (quando a empresa também já havia mudado o nome para Editora e *Comunicações* Proal Ltda.) eram a comunicação de massa e seus efeitos sobre a sociedade, uma iniciativa que teve grande repercussão na época, pelo que revelava em termos de preocupação social por parte de uma organização voltada, acima de tudo, para a prestação de serviços na área de comunicação empresarial.

Em nossa opinião, tudo isso denota que a Proal dispunha de um pessoal do mais elevado nível. Citem-se aqui os que dirigiram a entidade: Luís Carrion Rolan Silva, publicitário; Manuel Carlos da Conceição Chaparro, jornalista; Francisco Gaudêncio Torquato do Rego, jornalista e professor da Escola de Comunicações e Artes da Universidade de São Paulo e da Faculdade de Comunicação Social Cásper Líbero; Carlos Eduardo Lins da Silva, jornalista; e Regina Célia Tassitano, especialista em pesquisa editorial.

Infelizmente, a Proal não existe mais. Cada diretor da época seguiu seu próprio destino. No entanto, ela contribuiu decisivamente para uma maior conscientização quanto à necessidade de profissionalismo no jornalismo empresarial e lançou as bases para a adoção dessa disciplina na estrutura curricular das escolas de comunicação. Sua história, certamente, um dia há de ser mais bem contada por quem militou em seus bastidores.

3. O *Boom* na Comunicação Organizacional

A comunicação organizacional atingiria o auge na década de 1980, sobretudo a partir de 1985, com a reabertura política do Brasil, quando as empresas e instituições começaram a entender melhor a necessidade de serem transparentes e que suas relações com a sociedade devem se dar pelas vias democráticas.

As mudanças ocorridas, mundialmente, com o fim da guerra fria, em 1989, e com o surgimento do fenômeno da globalização alteraram por completo seu comportamento institucional, passando a comunicação a ser uma área estratégica imprescindível para ajudá-las a enxergar e detectar as oportunidades e também as ameaças do macroambiente.

No entanto, ainda há aquelas que até agora não se deram conta de que é preciso manter em suas estruturas um serviço profissionalizado de comunicação e continuam apelando para a improvisação e o amadorismo. E também as que não lhe dão o devido valor, fragmentando-a em panelinhas cobiçadas por diferentes setores internos... Mas a tendência é no sentido de reconhecer cada vez mais o papel estratégico desse setor para a vida das organizações. "Integrar modelos e estratégias de comunicação e persuasão" é uma das pistas para "trabalhar a imagem das empresas nesse cenário", segundo Gaudêncio Torquato, que argumenta:

> Não podemos esquecer que existe uma relação direta entre a responsabilidade social de uma organização e os resultados que ela obtém, entre os códigos de conduta adotados pela companhia e a consecução de seus objetivos negociais.[23]

III. MERCADO E PERSPECTIVAS

O mercado da comunicação organizacional é bastante promissor. Temos hoje um campo consolidado, com órgãos de classe, numerosas prestadoras de serviços e centenas de departamentos internos nas empresas e instituições, apesar de muitas delas ainda não terem percebido sua importância como valor econômico.

As perspectivas são bastante otimistas, considerando-se que, com a estabilidade econômica, o Brasil deverá receber mais investimentos externos e o mercado interno tenderá a se expandir. Conseqüentemente, crescerão as oportunidades de negócios dessa área em seu próprio contexto e no conjunto das indústrias das comunicações.

1. Órgãos de Classe e Empresas de Serviços

As entidades diretamente envolvidas com área são: a Aberje; a Associação Nacional das Empresas de Comunicação Empresarial (Anece); o Sindicato das Empresas de Comunicação Empresarial (Sinco); e a Aberp.

Fizemos um levantamento junto a esses órgãos de classe, para conhecer a relação das empresas ou assessorias filiadas. Pelos dados que obtivemos, o Brasil contava em 1996 com 298 empresas de comunicação, relações públicas e assessoria de imprensa, das quais 270 sediadas em São Paulo. No Capítulo 1, já apresentamos o *ranking* das maiores empresas de relações públicas filiadas à Aberp no ano de 1995.

Essas empresas desenvolvem para seus clientes atividades de pesquisa, auditoria de opinião, imprensa, comunicação interna, organização de eventos, programas de apoio ao marketing, promoção, mala direta, editoração de livros, calendários e publicações periódicas, propaganda institucional, *clipping* impresso e eletrônico, entre muitas outras.

É um mercado em expansão e que ainda precisa se organizar melhor. Competem nele desde as grandes empresas, com infra-estrutura bem montada, até as microempresas, muitas das quais mal conseguem sobreviver. Concorrência desleal, número limitado de pessoal realmente especializado e deficiência na qualificação profissional são alguns dos problemas existentes.

A nosso ver, grande parte das organizações que prestam serviços externos de comunicação organizacional (empresas de comunicação, relações públicas e assessoria de imprensa; divisões de comunicação ou relações públicas das agências de propaganda) está atuando de forma desordenada, em razão até mesmo da ausência de uma sólida fundamentação conceitual, ética e profissional de sua atividade e do acirramento da concorrência, com o acelerado processo de globalização em todos os campos.

2. Departamentos Internos

Ter acesso ao número exato de departamentos existentes nas organizações brasileiras, para o setor comunicacional, é uma tarefa quase impossível. Por isso, resolvemos trabalhar com uma amostra reduzida, tomando por base o *mailing* da Aberje do ano de 1996. Nosso objetivo era não só ter uma idéia, bastante limitada, de quantos são, mas, principalmente, verificar como eles são denominados, selecionando apenas os que se acham filiados a essa entidade.

O número[24] de departamentos[25] levantados foi de 379, assim distribuídos pelos estados: São Paulo (197); Rio de Janeiro (54); Minas Gerais (36); Rio Grande do Sul (22); Bahia (14); Distrito Federal (14); Paraná (10); Espírito Santo (9); Ceará (7); Santa Catarina (5); Goiás (3); Pará (2); Pernambuco (2); Sergipe (2); Amazonas (1).

As nomenclaturas mais usadas são: comunicação social (129), comunicação (42) ou relações públicas (26), ocorrendo também comunicação empresarial (6) ou relações empresariais (2), entre uma gama muito variada de outros termos.

Pelo que conhecemos, são numerosos e muito diversificados os trabalhos de comunicação produzidos por esses departamentos, dos mais simples aos mais sofisticados, revelando muitos deles um nível de qualidade realmente elevado, especialmente nas organizações privadas. Aqueles que são anualmente distinguidos com o Prêmio Opinião Pública e o Prêmio Aberje comprovam isso de maneira irrefutável.

IV. PRINCIPAIS CONCEITOS

Os termos comunicação, comunicação social, comunicação corporativa, comunicação empresarial, comunicação organizacional, entre outros, são usados indistintamente pelas organizações. Eles foram sendo adotados contingencialmente, sem uma preocupação maior com a fundamentação ou a justificativa da escolha feita, de acordo com a época, conforme já mostramos no Capítulo 1 e a que voltaremos no Capítulo 3.

Não é nosso propósito fazer aqui uma extensa abordagem teórica sobre esses nomes, o que é objeto de estudo de um outro trabalho que estamos desenvolvendo. Tencionamos apenas apresentar alguns conceitos básicos que possam elucidar e tornar compreensíveis as terminologias normalmente incorporadas pelas organizações brasileiras.

1. Comunicação Social

O termo *comunicação social* foi criado pela igreja católica durante o Concílio Ecumênico Vaticano II (1962-1965), que, entre muitos documentos relativos a temas diversos da vida eclesial e do mundo contemporâneo, firmou um que se chamou "Decreto sobre os meios de comunicação social", promulgado pelo Papa Paulo VI a 4 de dezembro de 1963.[26] Conhecido por "Decreto Inter mirifica" (palavras que iniciam o texto conciliar em latim), ele traz em seu proêmio as razões da escolha desse termo.

Entre as admiráveis invenções da técnica, que de modo particular nos tempos atuais, com o auxílio de Deus, o engenho humano extraiu das coisas criadas, a mãe-igreja, com especial solicitude, aceita e faz progredir aquelas que de preferência se referem ao espírito humano, que rasgaram caminhos novos na comunicação fácil de toda sorte de informações, pensamentos e determinações da vontade. Dentre estas invenções, porém, destacam-se aqueles meios que por sua natureza são capazes de atingir e movimentar não só os indivíduos, mas as próprias multidões e a sociedade humana inteira, como a imprensa, o cinema, o rádio, a televisão e outros deste gênero, que por isto mesmo podem ser chamados com razão de instrumentos de comunicação social.[27]

Visto dessa forma, em relação aos instrumentos de divulgação, o uso do termo praticamente nem foi assimilado. Hoje, prefere-se falar em meios de comunicação, meios de comunicação de massa ou, simplesmente, mídia (do latim *media*, meios).

Quando se trata de adotá-lo, ou não, para a área que administra, de forma integrada, os trabalhos das subáreas da comunicação, como imprensa, relações públicas e propaganda, entre outras, a maioria das organizações privadas e públicas o utiliza, mas existem também aquelas que o rejeitam ou, ainda, titubeiam diante dele, por razões diversas.

Houve, entre nossos entrevistados, até quem visse nele um "modismo" cunhado pela igreja, alegando:

Em todos os documentos emitidos pelos papas nessa área sempre esteve bem claro que a preocupação (...) se voltava para os "meios com responsabilidade social", posto que, ao longo de quase cinco séculos, só cuidou da imprensa, dos radialistas, dos cineastas e, finalmente, dos profissionais da televisão. Por isso, a expressão comunicação social é uma redundância, pois não existe comunicação que não seja social.

Outro depoimento denota bem o novo contexto que então estava se formando:

Quando inventaram esse "negócio" da comunicação social, foi, antes de tudo, para colocar por baixo as relações públicas, que estavam por cima, com mais prestígio que o jornalismo e a propaganda. Aproveitaram o decreto do Concílio Vaticano para criar nas empresas o setor de comunicação social. Mas o documento conciliar era sobre os "meios de comunicação". A propósito, mencione-se a Famecos de Porto Alegre.

2. Comunicação *Empresarial* ou *Organizacional*?

São nomes usados indistintamente, aqui e em outros países, para designar todo o trabalho de comunicação realizado nas organizações em geral. No Brasil, como na França, na Espanha e em Portugal, ainda se emprega com mais freqüência o primeiro termo. Nos Estados Unidos, usa-se a segunda expressão mais para a comunicação interna, cabendo à área de relações públicas a comunicação externa, embora autores como James E. Grunig e Todd Hunt se tenham definido pelo nome de relações públicas para todo o gerenciamento da comunicação *entre uma organização e seus públicos*.[28]

Na América Latina, muitos países estão adotando o termo comunicação organizacional em substituição ao de relações públicas, como é o caso, por exemplo, da Colômbia, do Peru e do México; em nossa atualidade, os dois nomes não são sinônimos, tendo o primeiro maior abrangência. No Capítulo 4, exporemos nossa posição quanto ao papel de relações públicas na administração da comunicação nas organizações.

Goldhaber, um dos autores clássicos da comunicação organizacional, assim a define:

> A comunicação organizacional é considerada como um processo dinâmico por meio do qual as organizações se relacionam com o meio ambiente e por meio do qual as subpartes da organização se conectam entre si. Por conseguinte, a comunicação organizacional pode ser vista como o fluxo de mensagens dentro de uma rede de relações interdependentes.[29]

Kreeps, outro consagrado autor norte-americano, a concebe como:

> (...) o processo pelo qual membros conseguem informações pertinentes sobre sua organização e mudanças que nela ocorrem. A comunicação ajuda os membros da organização, tornando-os capazes de discutirem experiências organizacionais críticas e desenvolverem informações relevantes que desmitificam atividades organizacionais e mudança organizacional.[30]

Ele destaca a interdependência e a interconexão entre canais internos e externos.

Essas duas concepções concentram-se muito mais nos aspectos de relacionamento interno com o meio ambiente, não expressando a visão que temos aqui no Brasil de um envolvimento de áreas, como o conjunto da comunicação integrada que defendemos.

Já um autor holandês, Cees van Riel, analisa-a como um termo que cobre relações públicas, relações governamentais, comunicação de marketing, comunicação corporativa, comunicação interna e comunicação externa.[31]

Isso demonstra que não existe uma teoria única acerca da comunicação organizacional. Nossa proposta é no sentido de que se adote essa expressão, que, além de abranger todo o espectro das atividades comunicacionais, apresenta maior amplitude, aplicando-se a qualquer tipo de organização e não só àquilo que se chama "empresa".

V. PRODUÇÃO CIENTÍFICA EM COMUNICAÇÃO ORGANIZACIONAL

Os estudos sobre a comunicação organizacional evoluíram de aspectos de comunicação administrativa, envolvendo o processo, os fluxos, as redes (formal e informal) e os meios, para uma visão muito mais ampla, compreendendo o clima e a cultura organizacional e a vinculação com a comunicação externa. Na década de 1960, autores como Thayer, Redfield e Rogers,[32] por exemplo, trabalharam muito nessa direção do intercâmbio de informações dentro de uma organização e entre as suas partes (comunicação administrativa). Os dois primeiros tiveram inclusive seus livros traduzidos no Brasil. Muitos autores de administração, ao abordar a comunicação, puseram a ênfase nesse enfoque.

A produção é bastante significativa em países da Europa e na Austrália, mas sobretudo nos Estados Unidos, onde existe um grande volume de obras sobre essa temática, dos mais diversos autores. O mesmo não acontece no Brasil, onde, em nosso entender, a área ainda é emergente em termos acadêmicos.

Se fizermos uma comparação entre o desenvolvimento da comunicação organizacional no mercado ou na área de negócios e a produção científica (livros, teses e dissertações), concluiremos que a defasagem é grande. As universidades brasileiras e, principalmente, as escolas de comunicação não souberam enxergar a importância e a necessidade de propiciar oportunidades para que os cursos de pós-graduação se voltassem para essa área. Talvez a vigência do regime autoritário, por longos 21 anos, tenha sido uma das causas. Além disso, tocar nesse assunto significava, nos meios acadêmicos, beneficiar o capitalismo empresarial. Por isso, as iniciativas foram pessoais e isoladas.

O pioneirismo da primeira tese de doutorado sobre jornalismo empresarial coube a Francisco Gaudêncio Torquato do Rego, conforme já dissemos. Foi ele, na prática, quem iniciou os estudos nesse campo, na Escola de Comunicações e Artes da Universidade de São Paulo. Em entrevista à *Revista Aberje*, ele deu este depoimento:

> Precisei lutar como um kamikaze para defender a necessidade dessa disciplina e enfrentei muitas pressões. Nas escolas da época, julgava-se que o jornalismo empresarial era uma área que não atendia aos interesses da sociedade.[33]

A exemplo do que fizemos com a área de relações públicas no Capítulo 1, também fomos buscar na "Bibliografia Brasileira de Relações Públicas, Comunicação Organizacional e Opinião Pública (1950-1995)", por nós organizada, as obras específicas de comunicação organizacional. Elas abrangem o período de 1972 (quando Torquato defendeu sua tese) a 1995.

1. Livros, Teses e Dissertações

Conseguimos detectar 29 *livros* publicados, dos quais seis foram traduzidos de autores estrangeiros. Os temas mais comuns giram em torno da própria comunicação organizacional, da comunicação relacionada com a administração, do jornalismo empresarial, da assessoria de imprensa, entre outros.

Quanto às *teses*, registramos quatro de doutorado e duas de livre-docência, todas defendidas na Escola de Comunicações e Artes da Universidade de São Paulo. Os assuntos abordados foram o jornalismo empresarial, a comunicação nas organizações utilitárias, as comunicações interpessoais no serviço público, a comunicação na área governamental e a comunicação na universidade. Dentre elas, transformaram-se em livros as teses de doutorado de Torquato e da autora da presente obra.[34]

As *dissertações* de mestrado perfazem um total de dezenove: nove da Escola de Comunicações e Artes da Universidade de São Paulo; quatro do Curso de Pós-Graduação do Instituto Metodista de Ensino Superior, de São Bernardo do Campo (SP); três da Escola de Comunicações da Universidade Federal do Rio de Janeiro; uma da Fundação Getúlio Vargas (São Paulo); uma da Universidade de Brasília; e uma da Pontifícia Universidade Católica de São Paulo. Os temas que apareceram com mais freqüência foram: jornalismo empresarial; comunicação interna; sistema de comunicação; comunicação e informações tecnológicas; e comunicação organizacional. Pelo que nos foi dado apurar, até agora nenhum desses trabalhos foi convertido em livro.

2. Tendências

É possível prever um aumento da produção científica nessa área. Estão surgindo novos cursos de pós-graduação em comunicação que a incluem em suas linhas de pesquisa. Além disso, há hoje um bom número de pós-graduandos do Departamento de Relações Públicas, Propaganda e Turismo, da Escola de Comunicações e Artes da Universidade de São Paulo, dedicando-se à pesquisa e ao desenvolvimento de novos trabalhos.

Outro fator que está contribuindo positivamente para isso é a atuação de um dos muitos grupos de trabalhos da Intercom, concretamente o de comunicação organizacional, por nós coordenado, que nos últimos três anos conseguiu reunir bons *papers* originados de pesquisas e estudos levados a efeito nesse campo e certamente merecerão ser oportunamente publicados em forma de coletânea.

A comunicação organizacional no Brasil, no que diz respeito à área acadêmica, tem de ser mais bem equacionada. A produção já realizada é muito repetitiva, com exceção de alguns poucos trabalhos inovadores que representam um real avanço qualitativo. Nunca é tarde para recuperar o tempo perdido...

REFERÊNCIAS BIBLIOGRÁFICAS E NOTAS EXPLICATIVAS

1. TORQUATO DO REGO, F. Gaudêncio. *Jornalismo empresarial*: teoria e prática, pp. 17-20.
2. TORQUATO DO REGO, F. Gaudêncio. "Jornalismo empresarial: lições de experiência." *In: Cadernos Proal*, s/d, p. 5.
3. Para obter maiores detalhes sobre os primeiros jornais e boletins de empresa e a evolução do jornalismo empresarial em diferentes países, consultar: TORQUATO DO REGO, F. Gaudêncio. *Jornalismo empresarial:* teoria e prática, pp. 17-20.
4. TORQUATO DO REGO, F. Gaudêncio. *Op. cit.*, pp. 26-28.
5. Essa caracterização das atividades de comunicação nas empresas e instituições, ao longo das últimas décadas, foi exposta por Gaudêncio Torquato em palestra proferida em 25 de novembro de 1996. Interessante notar que ele, um dos grandes expoentes da *comunicação na empresa* e, sobretudo, do *jornalismo empresarial* nas décadas de 1960 e 1970, agora também identifica tais atividades pelo termo *comunicação organizacional*. Vide reportagem "Sinal dos tempos", na revista *Comunicação Empresarial* (Aberje, ano 6, nº 21, 4º trimestrre de 1996, pp. 14-16).
6. Nilo Luchetti está se referindo ao I Concurso Nacional de Revistas e Jornais de Empresas, lançado dois meses antes. Press-release da Abape, do dia 8 de outubro, informa que foram premiados os cinco primeiros colocados, durante banquete oferecido pela Pirelli.
7. REVISTA ABERJE, 1987, p. 14.
8. TORQUATO DO REGO, F. Gaudêncio. *Op. cit.*, p. 28.
9. Valéria Cabral, mestranda da Escola de Comunicações e Artes da Universidade de São Paulo, desenvolveu para a disciplina de "Poder e cultura nas organizações", da Faculdade de Economia e Administração, um trabalho intitulado *Aberje:* alguns subsídios para reflexão de sua cultura organizacional. Nele, com base em depoimentos e em documentos, ela sintetiza as principais atividades das diretorias dos distintos períodos.
10. REVISTA ABERJE, 1987, p. 14.
11. CABRAL, Valéria. *Op. cit.*
12. Boletim *Ação*, 20 de dezembro de 1996.
13. *Ibidem*, 10 de junho de 1996.
14. Boletim *Ação*, da Aberje, 20 de dezembro de 1996.
15. REVISTA ABERJE, 1987, p. 12.
16. *Ibidem.*
17. REVISTA ABERJE, 1987, pp. 1-2.

18. TORQUATO DO REGO, F. Gaudêncio. "Jornalismo empresarial: objetivos, métodos e técnica." *In: Cadernos Proal*, jun. de 1971, pp. 3-12.

19. Observe-se que, conforme já dissemos na nota 5, Torquato, em palestra de 25 de novembro de 1996, passa a usar o termo *comunicação organizacional* para essa área.

20. Foram editados quatro números: dois em 1977 e dois em 1978.

21. WEISS, Dimitri. "As comunicações internas de massa na grande empresa." Tradução de Ângela Cassiano. *In: Cadernos de Comunicação Proal*, 1977, n$^\circ$ 2, pp. 57-63.

22. CADERNOS DE COMUNICAÇÃO PROAL. São Paulo, Editora e Comunicações Proal Ltda., n$^\circ$ 1, 1977, p. 3 (editorial).

23. Vide reportagem "Sinal dos tempos", na revista *Comunicação Empresarial*, citada na nota 5.

24. *Maling* da Aberje, 1996.

25. Usamos esse termo para indicar, de forma genérica, diretorias, gerências, assessorias, divisões, departamentos, seções etc.

26. A igreja católica já criara também o termo *propaganda*, com a fundação, em 1597, pelo Papa Clemente VIII, da Congregatio de Propaganda Fide, uma congregação de cardeais que supervisava a difusão da fé cristã. Cf. MALANGA, Eugênio. *Publicidade*: uma introdução, p. 10.

27. "Decreto inter mirifica." *In: Documentos pontifícios, 145*, Vozes, p. 4.

28. Cf. HUNT, Todd e GRUNIG E. James. *Public relations techniques*, pp. 5-7. Destacaremos essa temática no Capítulo 4 (seção "Administrando a comunicação").

29. GOLDHABER, Gerald. *Comunicación organizacional*, p. 32.

30. KREEPS, Gary. *Organizational communication*, pp. 11-12 e 21.

31. VAN RIEL, Cees B. M. *Principles of corporate communication*, p. 12.

32. THAYER, Lee O. *Comunicação*: fundamentos e sistemas na organização, na administração, nas relações interpessoais. REDFIELD, Charles E. *Comunicações administrativas*. ROGERS, Everett e AGARWALLA-ROGERS, Rekha. *La comunicación en las organizaciones*.

33. COMUNICAÇÃO EMPRESARIAL. São Paulo, Aberje, ano V, n$^\circ$ 15, 2° trimestre de 1995, p. 14.

34. TORQUATO DO REGO, F. Gaudêncio. *Comunicação empresarial/comunicação institucional*: conceitos, estratégias, sistemas, estruturas, planejamento e técnicas. KUNSCH, M. M. Krohling. *Universidade e comunicação na edificação da sociedade*.

CAPÍTULO 3

RELAÇÕES PÚBLICAS E COMUNICAÇÃO ORGANIZACIONAL NA EXPERIÊNCIA E NA VOZ DO MERCADO

Ao longo de nossa carreira acadêmica, desde a graduação, passando pelo magistério em escolas superiores, até a pós-graduação, foi despertando em nós o interesse pelas relações públicas no contexto da comunicação organizacional. Essa temática logo viria a constituir-se em nosso principal objeto de estudos, concentrando-se nela a pesquisa científica e a atuação profissional que temos desenvolvido nos últimos anos.

Na faculdade, apenas conseguíamos vislumbrar o papel das relações públicas no conjunto comunicacional das organizações, pois os conceitos que nos eram transmitidos nesse sentido, pelos manuais e nas salas de aulas, eram muito fragmentados. A tônica do curso recaía sobre elas como algo de sublime, transcendental, capaz de fazer milagres na busca de soluções para problemas. A propósito, não residiria nisso a razão para o fato de uma atividade como essa, com toda a abrangência e importância que tem, transformada há anos em profissão institucionalizada, até hoje ainda não ter alcançado o devido reconhecimento social?

Foi no curso de pós-graduação que tomamos a decisão de nos embrenhar definitivamente na abordagem das relações públicas como articuladoras do processo comunicacional das organizações. Os principais frutos desse trabalho seriam a dissertação de mestrado, sobre as perspectivas dessa área em uma comunicação integrada, e a tese de doutorado, sobre a comunicação na universidade como uma organização social, ambas defendidas na Escola de Comunicações e Artes da Universidade de São Paulo.[1]

PRIMEIRA PARTE

INVESTIGANDO AS INTERFACES DE UM SISTEMA

Feito o doutorado, nossa intenção era escolher, como tema de pesquisa, também vinculada à Escola de Comunicações e Artes da Universidade de São Paulo, algo que, relacionado com o nosso campo de interesse, pudéssemos aprofundar no futuro, em uma tese de livre-docência. Surgiu, assim, a idéia de estudar as interfaces das relações públicas e da comunicação organizacional no Brasil. O plano concretizou-se em um projeto que, em fevereiro de 1993, apresentamos ao Conselho Nacional de Desenvolvimento Científico e Tecnológico (CNPq). Este o aprovou, concedendo-nos uma bolsa de pesquisa, além de duas bolsas de iniciação científica e mais duas de apoio técnico, graças ao que conseguimos realizar o trabalho entre agosto de 1993 e julho de 1995.

Ao falarmos de interface, pensamos no que, de forma bem genérica, significa esse termo ligado à eletricidade: a superfície entre duas fases de um sistema. Que os físicos nos perdoem qualquer imprecisão nessa conceituação... Para nós, relações públicas e comunicação organizacional podem ser vistas, analogicamente, como duas fases de um sistema comunicacional, que se atraem reciprocamente e às vezes até se repelem. O que nos interessa é essa superfície entre elas, que as inter-relaciona e as integra, apesar dos eventuais curtos-circuitos, sempre sanáveis.

Tratando-se de um trabalho que envolvia as relações públicas e sua contextualização na comunicação organizacional, com a qual se conectam também outras subáreas, principalmente a de comunicação de marketing e a de comunicação interna, foram muitas as referências bibliográficas utilizadas, tanto do país como do exterior, como se evidencia ao longo desta obra. Obviamente, alguns autores mereceram destaque: James E. Grunig e Todd Hunt, em relações públicas; Gerald Goldhaber e Gary Kreeps, em comunicação organizacional; e Philip Kotler, em marketing. Para a comunicação interna, valemonos essencialmente do corpo teórico que fomos construindo e conformando, cumulativamente, ao longo dos anos. Também na prática, foram bem diversificados os pontos que procuramos investigar junto a diferentes segmentos de um mercado bastante amplo, conforme será possível depreender da leitura da segunda e terceira partes deste capítulo.

I. PROPOSTA DE ESTUDO

1. Questão de Fundo

O problema central que originou e perpassou nossa investigação desdobra-se nos termos do seguinte silogismo:

- No Brasil, as relações públicas têm sido efetivamente atuantes desde a década de 1950, sob várias formas e terminologias.
- No entanto, ainda lhes falta um posicionamento mais definido sobre suas reais funções e sua importância.
- Por isso, elas não vêem valorizando na prática seu verdadeiro papel no atual estágio da comunicação organizacional do país.

2. Objetivos Visados

A investigação que pretendíamos levar a efeito iria se orientar por estes três objetivos básicos:

- Analisar a evolução das relações públicas no âmbito das organizações complexas do país.
- Demonstrar como a área de relações públicas colaborou para que a comunicação nas organizações alcançasse o estágio atual.
- Contribuir para o avanço da pesquisa científica no campo das relações públicas e da comunicação integrada nas organizações.

3. Premissas Básicas

Para conduzir a investigação teórica e prática, em função do estudo do problema esboçado e dos objetivos traçados, orientamo-nos por algumas premissas, quais sejam:

- O conhecimento limitado das relações públicas impede que se atine com sua real importância no conjunto das demais subáreas da comunicação organizacional.
- A regulamentação da profissão, pela lei nº 5.377, de 11 de dezembro de 1967, foi prematura, pois as atividades de relações públicas ainda não se haviam consolidado na prática.

- As organizações estão substituindo o Departamento de Relações Públicas pelo de Comunicação Social, devido à maior abrangência deste último.

- Ocorre atualmente uma invasão da área de relações públicas pela de marketing, em razão da falta de agressividade dos profissionais da categoria para ocupar os espaços do mercado, de uma qualificação inadequada ou da ausência de base científica.

- A formação do profissional de relações públicas em nível de graduação não o capacita ao exercício de suas reais funções, devendo ela dar-se em nível de pós-graduação.

II. METODOLOGIA DE TRABALHO

1. Pesquisa Bibliográfica

Na primeira parte do trabalho, fizemos um levantamento exaustivo e uma revisão de toda a literatura brasileira e de um certo número de obras estrangeiras sobre comunicação organizacional, relações públicas e opinião pública. Parte dos subsídios obtidos nessas diversas fontes teóricas é utilizada ao longo dos diversos capítulos desta obra.

2. Pesquisa de Campo

Além disso, levamos a efeito uma pesquisa de opinião junto a diferentes segmentos profissionais e organizacionais, pelo método qualitativo, usando como instrumentos a entrevista e o questionário. Neste capítulo, estaremos focalizando as informações colhidas nessas fontes práticas.

O questionário era formatado, basicamente, por perguntas abertas, com ampla margem para o registro de opiniões e sugestões. No entanto, para certos segmentos, também acrescentamos algumas perguntas fechadas, com mais alternativas de respostas. Assim, como se verá na apresentação dos resultados, foi possível dar um tratamento estatístico a certas questões, mesmo não se tendo em vista fazer uma pesquisa quantitativa.

As entrevistas e os questionários, que privilegiavam basicamente os pressupostos estabelecidos para a pesquisa, foram aplicados de três formas:

- Aproveitando a oportunidade ímpar do fórum de debates sobre O Conceito Normativo da Profissão de Relações Públicas e o Papel dos Conselhos em suas Ações Operacionais. Este evento, promovido pelo Conferp, com o apoio da Escola de Comunicações e Artes da Universidade de São Paulo, realizou-se nos dias 12 e 13 de agosto de 1994, em São Paulo. Compareceram representantes dos conselhos regionais da maioria das capitais brasileiras, além de líderes nacionais e integrantes das diretorias de entidades de classe. Na ocasião, falamos pessoalmente com alguns profissionais e muitos outros responderam ao questionário.

- Valendo-nos das reuniões do Grupo de Trabalho de Relações Públicas durante o XVII Congresso Brasileiro de Pesquisadores da Comunicação, da Intercom, realizado de 2 a 6 de setembro de 1994, em Piracicaba (SP). Ali se fizeram presentes professores e profissionais da área de diferentes regiões do país.

- Remetendo o questionário pelo correio para aquelas pessoas ou organizações que não conseguimos contatar diretamente.

a) Profissionais

Nesse segmento, abordamos os segmentos de profissionais de relações públicas e de profissionais de comunicação organizacional, selecionando os que exerceram ou ainda exercem liderança nas respectivas áreas, em diferentes lugares do país, entre eles presidentes e ex-presidentes dos órgãos de classe dessas categorias.

Profissionais de relações públicas
A pesquisa foi feita somente com alguns profissionais da área, considerados líderes de opinião por sua trajetória no cenário nacional e que ocuparam ou ocupam a presidência de entidades de relações públicas como: o Conselho Federal de Profissionais de relações públicas; os diversos Conselhos Regionais dessa entidade; a Associação Brasileira de Relações Públicas; a Associação Brasileira de Empresas de Relações Públicas; os Sindicatos de Profissionais de Relações Públicas existentes em alguns estados brasileiros.
Atingimos um total de 80 pessoas. Dez foram entrevistadas pessoalmente e 48 nos deram retorno por meio do questionário. As informações colhidas propiciaram-nos uma visão geral das relações públicas no Brasil, de sua contribuição para o desenvolvimento da comunicação organizacional, das interfaces entre as duas áreas, da polêmica em torno da lei que regulamentou a profissão, do relacionamento com o marketing e da formação superior.

Profissionais de comunicação organizacional
Na seleção dos profissionais desse segmento, levaram-se em conta a especialização e a atuação na área, bem como a experiência na direção de entidades específicas do setor.
Por meio de entrevistas pessoais, que tinham em pauta principalmente o surgimento e a evolução da comunicação organizacional, aspectos conceituais

e a produção acadêmica da área, mantivemos contatos com dez pessoas: cinco dos seis ex-presidentes da Aberje; os presidentes do Sindicato Nacional das Empresas de Comunicação Social (Sinco) e da Associação Nacional das Empresas de Comunicação Empresarial (Anece); e três professores da área.

b) *Organizações*

No setor organizacional, com o objetivo de conhecer as opiniões e idéias de todos os que se valem das relações públicas, empregando suas técnicas ou usufruindo seus benefícios, atingimos os segmentos de: associações/sindicatos de relações públicas e comunicação empresarial; associações/sindicatos afins de comunicação social e relações públicas; asssessorias de comunicação social e relações públicas; empresas de jornalismo, rádio e televisão; agências de propaganda; e organizações em geral.

Foram elaborados três questionários específicos. Um para associações/ sindicatos de relações públicas e comunicação empresarial. Outro para associações/sindicatos afins de comunicação social e relações públicas. E o terceiro para empresas de comunicação social e relações públicas, empresas de jornal, rádio e televisão, agências de propaganda e organizações em geral, versando sobre temas como: a importância do setor; a diminuição de seu espaço; os programas levados a efeito; sua contribuição para o avanço da comunicação social nas organizações; a validade, ou não, da demarcação de áreas; a formação e o perfil do profissional.

Associações/sindicatos de relações públicas e comunicação
organizacional
Foram contatadas 36 entidades, tendo-se manifestado seis delas: cinco de relações públicas e o Sinco. Três questões serão levadas em consideração para efeitos deste nosso estudo, ou seja, as mais pertinentes ao objeto da pesquisa.

Associações/sindicatos afins de comunicação social e
relações públicas
Dirigimo-nos a 32 entidades representativas de imprensa, publicidade, propaganda, marketing promocional e eventos, das quais apenas cinco nos deram retorno. Mas a amostra não deixou de ser ilustrativa, considerando-se que ela representava diferentes categorias (jornalismo, imprensa, marketing, propaganda e outdoor).

Empresas de comunicação social e relações públicas
Apesar de a pesquisa ser feita diretamente com os profissionais de relações públicas e de comunicação organizacional, decidimos ouvir também as

empresas desses segmentos. Utilizando os cadastros da Aberp e da Anece, enviamos o questionário a todas as 101 filiadas. Mas apenas cinco nos trouxeram suas opiniões e sugestões, entre elas uma que está entre as maiores do ramo.

Empresas de jornalismo, rádio e televisão
Atingimos as principais empresas de jornal, rádio e televisão, em um total de 36, das quais apenas sete nos deram respostas, procedentes de cinco capitais brasileiras.

Agências de propaganda
Apesar de se tratar de um segmento muito próximo da área de relações públicas, a tentativa de conseguir uma mostra representativa foi frustrada. Enviamos o questionário às oito maiores agências de propaganda, mas apenas duas nos atenderam.

Organizações em geral
Uma das preocupações da pesquisa foi ouvir também o "outro lado", para saber o que os empresários em geral pensam sobre as relações públicas e se utilizam as suas atividades. Para tanto, fizemos um levantamento na revista *Exame*, em sua edição anual sobre as maiores organizações do país. O questionário, enviado a 43 empresas selecionadas, foi respondido por cinco delas, entre as quais duas indústrias de porte e três grandes redes de comércio. Os depoimentos conseguidos demonstram que elas valorizam muito as relações públicas em suas atividades.

III. FONTES TEÓRICAS

Usamos como obras de referência: a Bibliografia Brasileira de Comunicação (n° 8 – 1984-1990), do Centro de Documentação da Comunicação nos Países de Língua Portuguesa (PortCom), órgão da Intercom; e a sexta edição, de 1993, do Guia Brasileiro de Relações Públicas, que, organizado por Cândido Teobaldo de Souza Andrade, vem sendo publicado há muitos anos, de forma sistemática, pela Associação Brasileira de Relações Públicas.

Como fontes informatizadas, valemo-nos das seguintes: Banco de Dados Bibliográficos da Universidade de São Paulo – Sistema Dedalus; Banco de Dados Bibliográficos da Escola de Comunicações e Artes da Universidade de São Paulo – Sistema Pegasus; e da Base de Dados Brasileira da Pesquisa e das Políticas de Comunicação – Portdata, filiada ao PortCom, órgão da Intercom.

Buscamos ainda outras alternativas para localizar, até onde possível, tudo o que já havia sido publicado na forma de artigos, reportagens, livros, coletâneas, dissertações, teses, apostilas e outros materiais impressos. Com essa finalidade, consultaram-se bibliotecas públicas e de escolas superiores. Os principais arquivos consultados foram: os da Universidade de São Paulo (Escola de Comunicações e Artes; Faculdade de Economia e Administração; Faculdade de Filosofia, Letras e Ciências Humanas; Faculdade de Educação; e Faculdade de Psicologia); o da Fundação Getúlio Vargas; o da Fundação Armando Álvares Penteado; o da Faculdade de Filosofia e Ciências Humanas da Universidade Federal de Minas Gerais; o da Seção do Estado de São Paulo da ABRP; e o da Biblioteca Pública Municipal Mário de Andrade, de São Paulo.

Além disso, entramos em contato com pioneiros, pesquisadores e professores, que facilitaram o acesso a seu acervo particular, sobretudo no que diz respeito a periódicos especializados. A dispersão da produção técnico-científica das áreas que tínhamos em vista, obras já esgotadas, periódicos não mais existentes ou com falhas na seqüência das edições, tudo isso dificultou bastante a tarefa, que exigiu também um acompanhamento constante de livros, teses, dissertações, artigos e reportagens que iam sendo divulgados no decorrer do trabalho.

Depois disso, partimos para a seleção das obras impressas ou informatizadas diretamente ligadas com o objeto da pesquisa, agrupando-as segundo as três áreas de interesse, deixando de lado, por exemplo, as que diziam respeito aos campos do marketing, da publicidade e da propaganda. Em um primeiro momento, pensamos em fazer uma bibliografia setorizada. No entanto, ao definir os macrodescritores para a elaboração do índice remissivo de assuntos e autores, verificamos que isso seria inviável, dadas as inter-relações e interdependências temáticas.

A listagem e o resumo de todo o material localizado levou à montagem de um referencial tão completo quanto possível sobre comunicação organizacional, relações públicas e opinião pública. Com 1.030 registros, que cobrem o período de 1950 a 1995, é a primeira bibliografia especializada do gênero no Brasil, tendo-se em mente publicá-la posteriormente, com vistas a uma maior democratização do estudo realizado.

Além desse trabalho específico, também nos envolvemos com tarefas paralelas, consideradas de utilidade para a exploração do objeto material de nosso estudo. Citem-se como exemplos: o levantamento da história e da cronologia das relações públicas no Brasil; a descrição de suas principais atividades; o estudo e a classificação dos *cases* contemplados com o Prêmio Opinião Pública (do Conrerp de São Paulo e do Paraná).

IV. FONTES PRÁTICAS

As fontes práticas foram os depoimentos que obtivemos dos profissionais e das organizações, por amostras intencionais de fato representativas para as áreas de interesse. Os resultados que apresentamos a seguir nos dão uma boa mostra da realidade.

SEGUNDA PARTE

OUVINDO A VOZ DA EXPERIÊNCIA

I. PROFISSIONAIS DE RELAÇÕES PÚBLICAS

1. Relações Públicas, Precursoras da Comunicação Organizacional

Perguntamos se as relações públicas podem ser consideradas precursoras da Comunicação Organizacional no Brasil. A maioria assegurou que sim, apontando para o fato de que, com a vinda das empresas multinacionais, sobretudo nas décadas de 1950 e 1960, as relações públicas contribuíram para sistematizar a Comunicação Organizacional, por meio de departamentos específicos. Para outros, a Propaganda e o Jornalismo teriam antecedido em muito as relações públicas na formação da Comunicação Organizacional. E houve também quem afirmasse que as relações públicas são a própria Comunicação Organizacional.

2. Os Militares e as Relações Públicas

A segunda questão era relativa à influência dos militares no desenvolvimento das relações públicas no Brasil. Todos viram nisso um fato que, segundo as respostas múltiplas às diversas alternativas, teria contribuído para: criar equívocos sobre o papel das relações públicas na sociedade (43,8%); reduzir seu prestígio junto às demais subáreas da comunicação (26,3%); prejudicar a profissão perante a opinião pública (12,2%); dignificar o conceito e a atuação da profissão (15,7%).

Como se vê, a maioria considera que a participação das organizações militares na história das relações públicas no Brasil levou a uma avaliação errônea, por parte da sociedade, do papel reservado a essa área, impedindo com isso sua consolidação conceitual e aviltando-a perante as parceiras do conjunto comunicacional. Isso teria ficado evidente sobretudo nos anos de 1964 a 1985, quando os órgãos de relações públicas que se sucederam na esfera do poder executivo federal (AERP, AIRP, ARP e Secom) não foram senão instrumentos de propaganda política do regime autoritário então vigente e de culto à personalidade dos diversos governantes. No entanto, para uma parte (15,7%), tal influência também teria seus méritos, tendo um dos entrevistados ponderado que "coube aos militares, entre 1964 e 1970, dar o apoio necessário para a regulamentação da lei nº 5.377".

3. Relações Públicas nas Décadas de 1960, 1970, 1980 e 1990

- Segundo a opinião quase unânime, ocorreu, ao longo do período, "uma expressiva melhoria do ponto de vista profissional, mas também uma significativa deterioração do ponto de vista político", em razão do efeito negativo provocado pela regulamentação extemporânea da profissão de relações públicas.

- A década de 1960 "pode ser encarada como a década de ouro", de prestígio para as relações públicas, pois em seu decurso o Brasil viria a ter o livro pioneiro da área, o primeiro curso superior e a regulamentação da profissão.

- A década de 1970 teve "como destaque" o aumento dos cursos de nível superior, a edição de outras obras e as primeiras traduções da bibliografia estrangeira.

- A década de 1980 mostrou um crescimento mais acentuado da produção científica e o surgimento de grandes mudanças nas estruturas organizacionais. Os departamentos de relações públicas começaram a ser substituídos pelos de comunicação social. "A movimentação do mercado profissional foi intensa."

- A década de 1990 está trazendo grandes mudanças. "A profissão é questionada e sua regulamentação acha-se em xeque". O mercado muda muito rapidamente e novas exigências profissionais vão aparecendo. É unânime a opinião sobre a necessidade de as relações públicas se afirmarem, pois, caso contrário, elas tenderão a desaparecer. "Há um sopro renovador, embora tímido. Ou a área se consolida agora ou ela estará fadada a ser uma atividade-apêndice da publicidade, do jornalismo e do marketing."

4. Relações Públicas na Atualidade da Comunicação Organizacional

O problema colocado era a indefinição quanto às reais funções e à importância das relações públicas, com a conseqüente desvalorização de seu papel no estágio atual da comunicação organizacional no Brasil. As causas disto, para os que concordaram com esse posicionamento, seriam, principalmente, a falta de profissionais qualificados (47,3%), conceitos fragmentados e sem consistência científica (40,3%), atuação ineficaz e improdutiva por parte dos órgãos de classe (28,0%), entre outras (38,5%). Três depoimentos escolhidos podem ilustrar as razões dessas constatações:

> - Não tivemos a devida competência, como os jornalistas e os publicitários, para valorizar e prestigiar nossa profissão. As entidades de classe, que deveriam desempenhar esse papel, ficaram em mãos de gente mais

preocupada com o prestígio social do que com a valorização profissional. É inconcebível haver cargos vitalícios como na Associação Brasileira de Relações Públicas. Perdemos o bonde na área da comunicação.

- Infelizmente, apesar de decorridos mais de 25 anos da regulamentação da profissão, ainda falta um amadurecimento desta, pois suas funções nunca foram definidas para o empresariado, que a deturpa exatamente em razão da indefinição quanto à real posição que o profissional dessa área deve ocupar. Falta esclarecimento, o que demanda um posicionamento mais participativo junto aos setores organizacionais.

- Grande parte dos profissionais não assume a profissão que escolheram. O egoísmo e o marketing pessoal se sobrepõem a interesses mais elevados. Alguns chegam a criar expressões novas para fugir do termo relações públicas. Também não foram preparados para ter uma consciência de categoria. As relações públicas precisam de relações públicas!

5. A Regulamentação da Profissão Foi Prematura?

Muitos (42,1%) não apoiaram tal afirmação, alegando que a legislação, fruto da oportunidade censória do poder instituído no país, exerceu um papel importante na época. Os que aderiram a ela (38,5%) acharam que a classe não estava preparada para fortalecer a profissão, a partir da regulamentação, passando a si mesma um atestado de imaturidade. "Os pioneiros não detinham uma visão uniforme sobre a atividade, mui provavelmente por influência de suas diversas origens, e poucos percebiam o enfoque administrativo das relações públicas."

6. "Comunicação" no Lugar de "Relações Públicas"

O Departamento de Comunicação está substituindo o que antes era o Departamento de relações públicas como gestor da comunicação nas organizações. Isto, segundo as respostas múltiplas dadas às diversas alternativas, teria ocorrido porque: os tempos mudaram e o conceito de comunicação é mais abrangente (59,6%); as empresas tinham de buscar uma forma para fugir da legislação (35%); o próprio governo federal criou a Secom, em 1979 (15,7%); as relações públicas são uma subárea da comunicação organizacional (10,5%). As considerações levantadas em torno dessa realidade foram muitas, valendo selecionar algumas:

- As relações públicas não acompanharam de perto o desenvolvimento da administração empresarial moderna e por isso ficam cada dia mais incongruentes. Culpa dos currículos inadequados das escolas e das associações "políticas" sem conceitos práticos.

- Os tempos mudaram. O importante não é a semântica, mas o conteúdo e a função. Hoje estão em voga os departamentos de assuntos corporativos, com bastante abrangência. A atividade se ampliou e os profissionais têm de ser multifacetados.

- As relações públicas perderam a chance de liderar o processo e hoje são apenas parte do *mix* de comunicação. É preciso redefinir urgentemente o que elas são e qual sua abrangência.

7. Invasão da Área de Relações Públicas pelo Marketing

Hoje, com freqüência, a área de marketing vem desenvolvendo funções que cabem mais à de relações públicas, o que, de acordo com as respostas múltiplas às diferentes alternativas arroladas, se dá em razão da falta de: maior divulgação das reais funções e das atividades específicas das relações públicas (43,8%); maior agressividade dos profissionais da categoria para ocupar os espaços do mercado (40,3%); qualificação adequada (26,3%); base científica (14%);

A área de relações públicas não conseguiu enxergar as mudanças do mercado, deixando de assumir sua posição por incompetência e ausência de visão de futuro. Achou que só a lei bastava e não soube posicionar-se como valor econômico, isto é, como contribuidora para o lucro das empresas. E a área de marketing, por exemplo, ocupou esse vazio. Muitos atribuem tal fato à inadequação da formação universitária nos cursos de relações públicas:

- Há um flagrante divórcio entre a escola e a realidade profissional. As necessidades mudaram. O profissional de relações públicas precisa ter uma forte base nas áreas de administração e marketing.

- Não existe integração entre professores e profissionais de relações públicas, com vistas a uma melhoria do mercado de trabalho.

8. Os Cursos de Relações Públicas e a Formação Profissional

Como é visto o desempenho dos cursos de relações públicas na formação dos profissionais? Estes deveriam especializar-se mediante pós-graduação? Não houve consenso entre os entrevistados. Uma boa parte (33,3%) teceu considerações genéricas acerca do assunto; outros (28,0%) concordaram que a formação deveria ser em nível de pós-graduação, o que atenderia muito melhor aos vocacionados para a área (26,3%); alguns (17,5%) não apoiaram as posições anteriores, achando que as escolas estão formando muito bem seus alunos.

9. A Polêmica em Torno do Termo "Relações Públicas"

A maioria (43,8%) considerou o termo adequado, trazendo como argumentos mais relevantes:

- É um termo mundialmente usado. Só aqui o deturpamos.
- É um termo consagrado internacionalmente e que deveria ser preservado.
- É um termo tradicional e reconhecido.
- É um termo que define muito bem a profissão, da qual muito me orgulho.

Para os que o consideraram inadequado (29,8%), trata-se de:

- Um termo que não explica o conceito da profissão, além de reforçar a confusão a respeito.
- Um termo tão infeliz que foi traduzido de forma errônea e continua em vigor assim até hoje.
- Um termo que dá margem a diversas interpretações e se esgotou ao longo dos últimos anos. Um termo que não traduz o que o profissional faz.

II. PROFISSIONAIS DE COMUNICAÇÃO ORGANIZACIONAL

1. Surgimento da Comunicação Organizacional no Brasil

Há praticamente um consenso de que a comunicação organizacional foi conseqüência do desenvolvimento econômico e do processo de industrialização incrementado a partir da década de 1960 e do chamado "milagre econômico" da década de 1970. "Tudo isso levou as empresas a perceber a necessidade de estruturar melhor sua comunicação e de abrir canais de comunicação com seus diferentes públicos." Dos entrevistados, 26,3% deram outras respostas. Uma boa parte deles destaca, nesse contexto, o papel exercido pela Aberje[2] na estruturação de departamentos de comunicação e, sobretudo, no desenvolvimento do jornalismo empresarial nas grandes organizações, especialmente as multinacionais.

2. A Questão das Terminologias

Há diferenças entre comunicação organizacional, comunicação empresarial e relações públicas?

- Tornou-se bastante difícil entender o que é comunicação social, comunicação organizacional, comunicação empresarial, marketing institucional, marketing corporativo, relações públicas, uma vez que no início não se definia o que era e quem fazia o quê. É tudo um conceito só: a comunicação, a necessidade de comunicar. A compartimentalização de profissões nesse campo hoje está ruindo no Brasil.

- Não há distinção entre comunicação empresarial e comunicação organizacional. A diferença é desta para com as relações públicas, uma importante variante do relacionamento humano, visivelmente voltada a operações especiais de nível, de contatos lobísticos e outras funções subjetivas de largo espectro diretamente ligadas às presidências das organizações.

- Tudo isso são apenas nomes que se dão. Relações públicas, publicidade, propaganda e jornalismo são técnicas que se utilizam em prol de um negócio chamado comunicação.

- A comunicação empresarial abrange as várias formas de comunicação que podem ser levadas a efeito por uma empresa de relações públicas. Trabalha em campanhas definidas dirigidas à comunidade e aos empregados.

- Comunicação organizacional é um termo muito mais amplo. As relações públicas são uma parte menor da comunicação organizacional ou empresarial.

- As gerências de comunicação têm hoje interfaces muito variadas. Elas agrupam uma multiplicidade de tarefas e de instrumentos e guiam-se não mais pela filosofia antiga de relações públicas, que se preocupava basicamente com a instituição, com a questão de sua imagem e de seu relacionamento com os públicos externos. Elas, nos dias atuais, ligam-se intimamente aos planos estratégicos das organizações.

- As relações públicas inserem-se na chamada comunicação empresarial ou comunicação organizacional. Sua atividade está mais diretamente relacionada com as estruturas de recursos humanos e de administração das empresas.

- As relações públicas são um grande guarda-chuva da atividade humana, como uma teoria. A comunicação deve trazer resultados, tenha ela o título que tiver.

3. A Deficiência da Produção Científica

A comunicação organizacional apresenta um problema no que se refere a artigos ou obras sólidas e consistentes. Não estaria existindo maior interesse acadêmico por essa área?

- Parece estar havendo um interesse maior pela área administrativa do que pela comunicacional. "As faculdades de administração dão maior atenção ao estudo da comunicação do que as próprias escolas de comunicação." No meio acadêmico, poucos pesquisadores estariam preocupados em sintetizar seu conhecimento.

- Quanto à produção existente, "acha-se à mão um apreciável acervo, mas este é praticamente desconhecido". Para um entrevistado, o material disponível seria pouco, por dois motivos: a abrangência limitada das obras não compensa o esforço de produzi-las e as que existem são resultado de iniciativas isoladas, sem incentivo algum. Este assunto foi objeto de análise no Capítulo 2, ao abordarmos a produção científica na área da comunicação organizacional.

4. As Relações Públicas nas Últimas Décadas e Hoje

- A maioria dos entrevistados viu nas décadas de 1960 e 1970 o auge das relações públicas. "Elas abrangiam toda a comunicação. Significavam o todo e o tudo." A quase totalidade dos departamentos, nessas décadas e mesmo na de 1980, era de relações públicas. "O profissional dessa área era o mais requisitado, porque tinha essa abrangência no que se refere ao trabalho de comunicação."

- Em relação à década de 1990, a maioria alegou que, em contraste com o ápice alcançado nas décadas de 1960 e 1970, "já a partir da década de 1980, as relações públicas começam a perder seus espaços para outras áreas de comunicação e o marketing, talvez por ser regulamentada". A democracia teria feito com que as empresas vissem a comunicação como um setor estratégico, o que reduziu o campo específico das relações públicas. Se nas décadas de 1960 e 1970 estas envolviam toda a comunicação, "hoje se encontram estagnadas". A deficiência estaria na ausência de desenvolvimento estratégico da atividade profissional.

- Por outro lado, um entrevistado disse que houve uma evolução, pois formou-se um conceito da profissão, mais do que apenas uma imagem. "As próprias modificações do país estão exigindo novas posturas das empresas e há mais valorização do verdadeiro trabalho de relações públicas."

5. Substituição de "Relações Públicas" por "Comunicação"

Retomamos aqui também a questão colocada para os profissionais de relações públicas, sobre a substituição dos departamentos de relações públicas pelos de comunicação nas organizações. Entre as alternativas propostas, como explicação para esse fato, todos os entrevistados foram de opinião que "os tempos mudaram e o conceito 'comunicação' é mais abrangente".

87

6. Profissionais Atuantes em Relações Públicas e Jornalismo

Que profissionais atuam em relações públicas e em assessoria de imprensa?

- No dia-a-dia, não se estabelece diferença entre as pessoas formadas em relações públicas ou jornalismo.
- Elas devem trabalhar de forma integrada, o que parece ser o melhor caminho.
- A realidade de mercado é que as atividades de assessoria de imprensa estão cada vez mais nas mãos de profissionais que não são jornalistas.

7. A Comunicação nas Organizações Privadas e Públicas

Em síntese, todos os entrevistados assinalaram que há uma grande diferença entre o que se faz nas empresas privadas e nas públicas. "Nas primeiras, há muito mais profissionalismo e trabalho em busca de resultados, enquanto no campo governamental predomina o interesse político, a busca do poder, à exceção de algumas estatais." Um dos entrevistados ajuizou que as práticas ainda são deficientes porque se vê a comunicação organizacional como um sistema técnico-operacional, quando "ela é, acima de tudo, uma função estratégica de planejamento".

8. A Realidade da Comunicação Organizacional

Apesar do desenvolvimento da área de comunicação organizacional, ela não é uma realidade na maioria das organizações. Faltaria uma política para nortear os trabalhos na área?

- Já existe a percepção de que isso é importante. As empresas têm um discurso, mas ainda não têm uma prática. Elas sabem fazer e vender produtos, mas não conhecem exatamente seu papel, o que é construir uma imagem, o que é opinião pública e o que esta quer delas.
- Não se trata de ausência de uma política de comunicação, mas, sim, de uma visão adequada por parte dos principais dirigentes das empresas. E é justamente isso que impede uma escala maior, mais ampla, para o desenvolvimento da área de comunicação organizacional. Não é que não exista uma política para nortear o trabalho. Falta as pessoas entenderem melhor o que é tudo isso e os líderes compreenderem-no melhor.
- É necessário analisar a comunicação no contexto das organizações complexas. Falta uma política, sim. Às vezes as empresas, sobretudo as me-

nores, sentem o peso de manter uma estrutura de comunicação, por isso terceirizam suas atividades nesse campo, pondo a perder um pouco de sua cultura.

- O pessoal de comunicação organizacional precisa fazer seu marketing. Nunca os profissionais de relações públicas conseguiram fazer seu marketing próprio.

9. A Preparação Profissional

As escolas de comunicação estão preocupadas em preparar o profissional que queira atuar especificamente na área de comunicação organizacional? A ênfase deveria ser posta no curso de relações públicas?

Alguns dos entrevistados deixaram a impressão de que, para eles, as escolas de comunicação continuam do mesmo jeito que na época em que as freqüentaram. Estes as consideram dispensáveis, "servindo elas apenas para oferecer um único produto: o registro profissional".

- As escolas ainda não se encontraram. Elas deveriam criar condições para que o profissional chegue qualificado ao mercado.

- Na graduação, o que deveria existir era uma Faculdade de Ciências da Comunicação.

Quanto à preocupação das escolas no sentido de preparar o profissional de comunicação empresarial, a maioria disse que *ela não existe*. O que há é um interesse por parte dos alunos, que buscam novas oportunidades nas disciplinas optativas.

Os entrevistados defenderam ainda que "a ênfase do ensino deve ser posta na comunicação organizacional como um todo e não só nas relações públicas".

TERCEIRA PARTE

A PALAVRA DA REALIDADE

**I. ASSOCIAÇÕES/SINDICATOS DE RELAÇÕES PÚBLICAS E
COMUNICAÇÃO ORGANIZACIONAL**

1. Como se desempenha esse segmento enquanto órgão de classe e qual sua participação política no cenário nacional? À exceção do Sinco, as demais entidades acharam insatisfatório seu desempenho, apontando como razões a falta de recursos e o não-envolvimento efetivo dos profissionais. A participação política é tímida e quase imperceptível.

2. Quanto às relações públicas ao longo das últimas décadas, houve divergências. As décadas de 1960 e 1970 foram analisadas por alguns como as melhores, pelo grande desenvolvimento então ocorrido, e outros as viram como uma época marcada pelos "relações-públicas filhos de amigos", os quais ajudaram a prejudicar a imagem da profissão, que é tão séria quanto as outras. Em relação à década de 1980 e à atualidade, uns apontaram a ocorrência de uma melhora geral, enquanto outros salientaram ter havido um declínio, chamando a atenção para uma descaracterização causada pela regulamentação da profissão, que fez com que ela viesse a ser rotulada por tantos outros nomes, como relações institucionais, relações corporativas, endomarketing...

3. Quais são os maiores problemas que a área de relações públicas enfrenta hoje no sentido de ocupar maior espaço no mercado das comunicações, no âmbito governamental (federal, estadual e municipal) e nas organizações em geral?

- O imobilismo da categoria e o despreparo dos iniciantes, que não dominam o inglês e a informática e são destituídos de uma visão de mundo.

- A obrigatoriedade do diploma, que estaria reduzindo o número de profissionais experientes e dificultando o treinamento de novos.

- A limitada qualificação dos profissionais, a "falta de reserva técnica" e a imagem desfavorável que se passa ao mercado e à sociedade.

- A inexistência de mais empresas de porte nesse segmento. Grande parte são microempresas ou profissionais liberais que se estruturaram como prestadores de serviços, mas tratam-se de empresas de uma só pessoa, o que resulta em falta de representatividade.

Não conseguimos fazer *lobby* de nós mesmos. Existe uma burrice profissional generalizada em nosso meio, uma vez que somos contratados para fabricar imagens e conceitos de empresas e depois, se obtivemos sucesso, ficamos nos gabando, internamente, de prêmios recebidos. Até hoje a sociedade em geral não sabe o que significa um Prêmio Opinião Pública".[3]

Essas entidades também apresentaram algumas sugestões com vistas ao aperfeiçoamento da área de relações públicas:

- Um currículo mais agressivo, que prepare os alunos para os desafios da sociedade globalizada, dê-lhes uma visão de futuro, ensine-os a fazer diagnósticos e desperte neles o gosto pela leitura.

- A eliminação da exigência do diploma universitário, substituindo-o por uma prova de qualificação e pelo registro em um órgão disciplinador.

- Planejar a criação de um conceito do profissional de relações públicas como administrador das políticas de comunicação (a profissão do terceiro milênio), padronizando este conceito pelo Brasil a fora. Além disso, reposicionar o papel da ABRP e de suas seções estaduais, assim como do Conferp e de seus diversos conselhos regionais, como empresas prestadoras de serviços. Em cinco anos, teremos as entidades fortalecidas, um conceito moderno e custo assimilado. Conseqüentemente, teremos bem mais orgulho em mencionar o Conrerp e nosso número de registro sob o nome em nosso cartão de visita.

II. ASSOCIAÇÕES/SINDICATOS AFINS DE COMUNICAÇÃO SOCIAL E RELAÇÕES PÚBLICAS

1. Qual a importância da área de relações públicas no *mix* da comunicação nas organizações? Uma associação afirmou não ter qualquer conceito formado a respeito. As demais foram unânimes em admitir que se trata de uma área muito importante, dentro de sua especificidade, no conjunto das atividades que compõem a comunicação e o marketing das empresas.

2. Com exceção de uma, as outras entidades afirmaram que suas associadas utilizam as atividades específicas de relações públicas na prestação de seus serviços, em variadas frentes de atuação: consultoria, planejamento, assessoria de imprensa, organização de eventos...

3. Também desse segmento queríamos conhecer a opinião sobre quais seriam os maiores problemas que a área de relações públicas enfrenta hoje, no sentido de ocupar maior espaço no mercado das comu-

nicações, em âmbito governamental e nas organizações em geral. Reproduzimos aqui os principais:

- O "título" de relações públicas é usado por pessoas que não são da área e, conseqüentemente, prejudicam o real conceito da profissão.

- O relações-públicas não pode ser confundido com o jornalista. Sua atuação deve se limitar à sua área específica, não lhe cabendo fazer reportagens, jornais, revistas, assessoria de imprensa...

- Por serem uma atividade cuja real importância ainda não é devidamente reconhecida, tudo indica que o principal problema das relações públicas é o de "educação de mercado".

- A sucessão de crises econômicas no país e as grandes transformações da sociedade provocaram a desativação dos departamentos de relações públicas por parte das empresas, levando-as a contratar terceiros para realizar as tarefas da área.

- As relações públicas enfrentam, no Brasil, uma crise de identidade que se torna evidente na própria regulamentação da atividade. Essa lei é genérica, não fixando concretamente atribuições e direitos, a exemplo do que ocorre com as outras áreas da comunicação social. A situação fica mais complicada quando se atenta para o fato de a maioria absoluta de líderes empresariais, políticos e culturais desconhecerem as reais finalidades das Relações Públicas.

Vejamos as principais sugestões apresentadas:

- Veicular uma campanha publicitária de conscientização e esclarecimento sobre quem é o profissional de relações públicas e quais as ações por ele desenvolvidas.

- Envidar esforços no sentido de que a atividade de relações públicas esteja mais presente nos planos de marketing, visando a uma parceria efetiva entre as duas áreas.

- Dar continuidade aos trabalhos desenvolvidos pelos profissionais da área, pessoalmente ou em conjunto com as entidades representativas, proferindo palestras, dando entrevistas, escrevendo artigos, publicando livros, tudo com vistas a uma divulgação maior do setor e das atividades de relações públicas.

- As entidades de relações públicas precisam adotar uma posição mais firme quanto aos problemas e, também, especificar de maneira objetiva, didática e simples as verdadeiras atribuições da área. Devem motivar os cursos existentes no campo da comunicação a participar dos estudos e da posterior ação nas campanhas, realizando estas últimas junto aos diversos segmentos da sociedade e não as limitando a profissionais e estudantes da categoria.

III. EMPRESAS DE COMUNICAÇÃO SOCIAL E RELAÇÕES PÚBLICAS

1. Evidentemente, pela própria natureza das atividades dessas empresas, a área de relações públicas foi considerada como a mais importante no conjunto de sua comunicação.

2. Os tipos de programas por elas desenvolvidos são bem variados, em função das necessidades dos respectivos clientes: relações com o governo, assessoria de imprensa, ações de motivação e integração de empregados, campanhas comunitárias, ações de comunicação para a implementação da "qualidade total", montagem de bancos de dados...

3. Para a maioria, a contribuição das relações públicas para a valorização que o setor de comunicação hoje tem nas organizações deu-se "em termos". "A área não soube capitalizar para si os resultados, que acabaram sendo creditados a outras áreas." Mas uma empresa assegurou que a contribuição foi muito expressiva. "Se não fosse a área de relações públicas, hoje não haveria essa consciência da importância da comunicação social."

4. De forma unânime, as empresas pesquisadas não vêem sentido em segmentar a formação e o exercício de profissões regulamentadas, em um contexto atual de uma comunicação abrangente.

   - Hoje está optando-se pelo "profissional de comunicação", ou seja, uma espécie de clínico geral.

   - A comunicação, para ser eficiente, deve utilizar todas as técnicas, pois é da soma de todas elas que se estabelece uma comunicação global e de resultados.

5. Houve um consenso de que o profissional responsável pela gestão de uma área de comunicação integrada deve ser alguém com domínio das várias áreas da comunicação organizacional, conhecimento do mercado da comunicação, bom nível de cultura geral e ampla visão de conjunto.

6. Em tese, as relações públicas deveriam administrar a comunicação organizacional, mas hoje nem sequer ocupam um espaço eqüitativo entre as demais áreas. O que estaria errado e que atitudes o mercado profissional deveria tomar com vistas a uma mudança efetiva dessa situação?

   - Com certeza, existe um desconhecimento das atividades de relações públicas, de suas funções e do papel que o profissional deve desempenhar em uma organização. Não conheço qualquer tentativa de maior impacto realizada por alguma entidade da área, no sentido de esclarecimento e "defesa" dessa profissão perante a opinião pública. Acho que só uma boa campanha publicitária poderia mostrar à população em geral que relações-públicas não é o vendedor da Enciclopédia Barsa, não é a recepcionista de uma boate, não é "o cara mais legal" do clube ou o que "fala mais", não é a pessoa que "pede patrocínios", não é aquela moça mais bonita vestida de minissaia... Infelizmente, na minha opinião, as relações públicas estão um pouco desgastadas e somente um esforço coletivo poderia reverter a situação.

- As relações públicas representam uma profissão tão confusa que até seu nome foi traduzido de forma errônea... Elementos de outras áreas, mais agressivos, vão ocupando o lugar, apresentando "novos" conceitos, como se fossem os grandes inovadores... Na realidade, todos falam a mesma coisa, só que com palavras diferentes. Mas como exigir do empresário o reconhecimento das relações públicas (e não de outros nomes modernos), se o próprio profissional da área não briga pelo seu espaço correto?

- O desconhecimento é total, ainda nos dias atuais. Além disso, muitos dos profissionais que tiveram a oportunidade disseminaram o conceito de retorno a médio e longo prazos. Considerando-se a velocidade das mudanças sociais na atualidade, esperam-se resultados mais rápidos e mensuráveis – e isso os "marketeiros" oferecem! Outro problema está em que o termo "relações públicas" sofreu uma deterioração, em razão de atividades políticas, protetoras e lobísticas, passando a ser associado a favoritismos e subjetividades.

- Nem a própria organização, nem seus dirigentes, nem mesmo o profissional de relações públicas sabem definir bem suas atribuições. Para muitos, o relações-públicas ainda é o vendedor de enciclopédia ou de carnê do baú da felicidade. A regulamentação da profissão, em 1967, infelizmente, não serviu nem para uma reserva de mercado profissional. E, digo mais, são poucas as empresas que desenvolvem um trabalho consistente nessa área.

- A regulamentação da atividade fez com que inúmeros elementos de outras áreas, para poder exercê-la, adotassem nomenclaturas diferentes. Com isso, as relações públicas passaram para um segundo plano, pois esses profissionais promoveram maciçamente as novas denominações, enquanto as entidades de relações públicas ficaram praticamente na promoção acadêmica.

7. Três empresas consideraram que a graduação do profissional poderia ser em qualquer área do conhecimento, devendo o profissional fazer, depois, um curso de especialização em comunicação organizacional e em relações públicas. Duas foram de opinião que a estrutura curricular deveria ter uma carga horária maior de administração e ser mais flexível, oferecendo mais disciplinas optativas.

IV. EMPRESAS DE JORNALISMO, RÁDIO E TELEVISÃO

1. Seis empresas consideraram a atividade de relações públicas muito necessária para o relacionamento interno e externo da organização, "como um 'chapéu' de todo o sistema de comunicação com os públicos e não apenas como um elemento a mais de comunicação". Para a outra, a relevância é pequena, sendo que "um jornal em si já estabelece uma relação forte e estreita com seus públicos".

2. Os programas de relações públicas levados a efeito variam em função dos interesses de cada um e das necessidades e oportunidades. Os tipos de programas relacionados, abrangendo a comunicação interna e externa, foram, por exemplo: ações comunitárias, apoios culturais, visitas às suas instalações, organização de eventos e edição de publicações empresariais.

3. Sobre a contribuição das relações públicas para o estágio de valorização alcançado pelo setor de comunicação organizacional, as empresas foram unânimes em reconhecer que isto é um fato. "Todo empresário moderno percebe a importância estratégica das ações de relações públicas", afirmou uma delas.

4. À questão da segmentação das habilitações específicas do setor de comunicação organizacional e do sentido, ou não, de tal demarcação neste final de século, cinco empresas responderam ser necessário haver especializações e um tratamento específico dos diferentes produtos comunicacionais, enquanto outras duas ponderaram que a comunicação organizacional deve ter uma forma única e abrangente.

5. Seis empresas disseram que têm uma comunicação integrada, ajuizando uma delas que isto "se constitui em uma necessidade imperiosa". Para outra, as ações de comunicação estariam "integradas, porém não centralizadas", distribuindo-se entre a Assessoria de Comunicação Empresarial, a Diretoria de Marketing e a Diretoria de Recursos Humanos

6. Acerca do profissional encarregado de administrar estrategicamente uma área de comunicação integrada, foram muitas as considerações. Ele deve:

   - Conhecer muito bem a organização em si, sua missão, sua filosofia, suas estratégias, a concorrência...

   - Saber utilizar de forma adequada as ferramentas disponíveis (propaganda, promoções, pesquisa...).

   - Ter visão global e estratégica, criatividade, habilidade, bom relacionamento com o corpo diretivo e representatividade na comunidade onde a empresa atua, além de saber administrar o tempo.

7. No que tange ao reduzido espaço ocupado hoje pelas relações públicas, nas organizações, em relação às outras áreas de comunicação: Quatro empresas mencionaram como principal motivo o fato de a maioria das organizações desconhecer as reais funções de relações públicas.

- A área não é vista como um setor produtivo e muitas pessoas não conseguem estabelecer uma relação custo x benefício, sendo esta às vezes considerada dispensável.

- Embora de forma equivocada, algumas empresas ainda mantenham as atividades de comunicação nas áreas de recursos humanos ou marketing, a tendência moderna, nas grandes organizações, é a valorização da comunicação organizacional. É um setor que vem ganhando mais investimentos em verbas e profissionais qualificados e no qual são desenvolvidas políticas definidas, em concordância com as estratégias de negócios da empresa. Essa evolução vem a exigir profissionais especializados em jornalismo, relações públicas e marketing, fazendo desaparecer a figura do assessor de imprensa ou do profissional de relações públicas como o gestor da política de comunicação organizacional.

8. Uma empresa acha que seria melhor vincular a formação do profissional de relações públicas ao curso de administração de empresas. Duas assinalaram que ela deve continuar no curso de comunicação social. Outra optou pela graduação em qualquer área do conhecimento, seguida pela pós-graduação na área específica. A última escolheu a alternativa que sugeria uma estrutura curricular com maior carga em Administração e mais flexível, mediante a oferta de mais disciplinas optativas. A sexta não respondeu.

V. AGÊNCIAS DE PROPAGANDA

1. Com relação à importância atribuída pelas agências de propaganda à atividade de relações públicas no conjunto de sua comunicação, uma delas a considera como disciplina complementar às outras disciplinas da comunicação (propaganda, promoção, marketing direto, design etc.), enquanto a outra a utiliza como "estratégia de manutenção, para fixação de seu conceito no mercado".

2. Uma agência reconhece a contribuição das relações públicas para o desenvolvimento alcançado pela comunicação organizacional, concebendo-as como uma combinação das diversas áreas e vendo a assessoria de comunicação como um todo. A outra ponderou que "as relações públicas atrasaram o desenvolvimento da comunicação corporativa, em função da reserva de mercado e da má formação de professores e alunos".

3. Não tem sentido isolar as profissões do setor comunicação organizacional nos dias de hoje. O curso de comunicação deveria ser geral, deixando-se a especialização para o último ano, segundo uma agência. Relações públicas deveriam ser uma disciplina do curso de administração para a outra.

4. O profissional destacado para administrar estrategicamente uma área de comunicação global deve ser, preferencialmente, alguém com formação clássica em diferentes áreas do conhecimento. O curso de comunicação social, nos moldes em que ele existe no país, é absolutamente insuficiente, na visão das duas agências entrevistadas.

5. Como razão principal do reduzido espaço que as relações públicas ocupam no conjunto da comunicação social e de sua substituição por setores com outra nomenclatura, as duas agências indicaram, de forma contundente, a ineficácia dos cursos de comunicação. E sugeriram que a profissão seja desregulamentada e o curso de relações públicas nos moldes atuais, extinto, transformando-se em disciplina do curso de administração. "Infelizmente muitos jovens terão sido, até aqui, induzidos ao erro com a promessa de exclusividade de emprego."

6. Como alternativa para uma melhor formação do profissional, de acordo com as duas agências, a graduação poderia se dar em qualquer área do conhecimento, devendo o profissional fazer depois um curso de especialização em comunicação organizacional e em relações públicas.

VI. ORGANIZAÇÕES EM GERAL

1. As organizações que responderam consideraram relevante a importância por elas atribuída à atividade de relações públicas no conjunto de sua comunicação. Uma se referiu a ela como "um verdadeiro *link* entre as empresas e seus públicos".

2. Seus principais programas são os que a área já conhece: eventos em geral, assessoria de imprensa, lançamentos de produtos, inaugurações, campanhas educativas, apoios culturais, vídeos corporativos e institucionais, publicações (jornais, revistas e boletins) e relatórios...

3. Sobre a contribuição das relações públicas para o estágio de valorização da comunicação organizacional, à exceção de uma ("em termos"), todas concordaram que isto foi um fato. Registre-se a afirmação de uma delas:

> Sem dúvida, a atividade de relações públicas no Brasil ainda precisa se desenvolver muito, se levarmos em conta sua aplicação prática nos países de Primeiro Mundo. Mas nas grandes empresas o reconhecimento desses profissionais começa a se tornar uma realidade.

4. No que diz respeito ao isolamento das diversas áreas da comunicação organizacional, em um contexto hodierno de uma comunicação abrangente e integrada, esboçaram-se considerações como:

- A formação específica é necessária para uma demarcação profissional especializada, mas a integração entre as áreas e uma abrangência de conhecimentos são fundamentais.

- O mercado e, principalmente, os públicos são muito heterogêneos e hoje o acesso às informações é muito maior. Isso torna necessário que o profissional de comunicação, além de suas características específicas, busque uma formação que englobe conhecimentos mais abrangentes de todas as atividades e ferramentas disponíveis, exigidas pelo mercado profissional. Diante de toda essa transformação, é preciso que, acima de tudo, o profissional de comunicação saiba que é também um administrador de negócios, uma vez que de sua atuação depende a imagem corporativa e institucional da empresa.

5. Também às organizações em geral, dada a premissa de que, na atualidade, as empresas necessitam de serviços integrados de comunicação, envolvendo a comunicação institucional, a comunicação mercadológica e a comunicação administrativa, se perguntou se nelas as atividades desse campo estão integradas e centralizadas sob uma mesma diretoria. Com exceção de uma, nas outras quatro toda a área de comunicação é coordenada por uma mesma diretoria. "É necessário falar a mesma língua para que uma empresa possa se posicionar, se conhecer e divulgar seus produtos."

6. O perfil ideal para o administrador de uma comunicação global, estrategicamente planejada, nas organizações é o de quem: se formou em comunicação e marketing; possui uma visão ampla dos mercados nacional e internacional; conhece as áreas de finanças e publicidade; tem espírito empreendedor e noções globais e atualizadas; domina as técnicas de comunicação, tanto as de relações públicas como as de jornalismo, publicidade e propaganda, entre outras.

7. Uma questão importante para esse segmento era a situação atual das relações públicas em muitas organizações. Elas têm por objetivo precípuo a organização e seus públicos. Em tese, deveriam administrar a comunicação organizacional, abrir canais internos e externos, facilitando o diálogo entre as partes, e colaborar para a consecução dos objetivos sociais e econômicos de uma organização. Mas hoje nem sequer são valorizadas eqüitativamente entre as demais áreas, sendo muitas vezes substituídas pelas de assuntos corporativos, relações institucionais, marketing, marketing social, marketing cultural, endomarketing... Por quê? Estaria havendo um desconhecimento de suas reais funções dentro de uma organização?

- Não existe nada de errado com as relações públicas. O profissional do setor necessita, isto sim, ampliar cada vez mais seu campo de ação. Na realidade, o relações-públicas, além de desempenhar suas funções básicas, deve ser um generalista, para atuar eventualmente em outros campos. Em algumas organizações, os nomes para as atividades são diferentes, mas os princípios são os mesmos.

- Parece estar havendo, de fato, uma sobreposição das funções de diversas áreas. A solução, porém, não está no campo das decisões corporativas ou da regulamentação profissional. Vai se firmar a área que oferecer às empresas as melhores soluções, a que contribuir mais efetivamente para a obtenção de resultados. As atividades que não se ajustarem a isso certamente terão seu papel renunciado na organização moderna.

- Parece que, se isso efetivamente ocorre, é por falta de empenho ou de preparo dos profissionais de relações públicas para conquistar um espaço que também lhes pertence. Acredito até que talvez falte a eles um pouco mais de praticidade ao demonstrar os resultados que podem ser alcançados por intermédio de seu trabalho. Fico preocupada ao ver como algumas áreas resistem em assumir a responsabilidade pelo "resultado efetivo", como se existissem atividades absolutamente "intelectuais", "abstratas", cujos frutos não fossem mensuráveis mesmo financeiramente.

- A necessidade da atividade de relações públicas na organização é indiscutível, mas a forma como cada empresa adapta sua estrutura para atendê-la depende de uma série de fatores históricos, sociais e culturais. Acredito estar havendo uma valorização crescente da área e que ela está conquistando seu espaço.

- Essa situação das relações públicas não mudará, porque o conceito, hoje, é o de uma comunicação global, que será exercida pelo profissional mais competente, podendo ele ser oriundo das áreas de jornalismo, relações públicas, publicidade e propaganda e até mesmo da engenharia. Falta à maioria dos profissionais de relações públicas uma visão abrangente da comunicação. Atualmente, é impossível desvincular do conjunto a assessoria de imprensa, o marketing, as relações institucionais e até mesmo o *lobby*. A tendência mundial é que a presidência de grupos seja exercida por profissionais de comunicação formados, ou não, nesse campo.

8. Quanto às alternativas mais procedentes para a formação do profissional de relações públicas, três organizações optaram pela graduação em qualquer área de conhecimento e a posterior pós-graduação em comunicação organizacional ou em relações públicas; as outras duas concordaram que ela deve continuar se dando em comunicação social, dentro da estrutura curricular do Ministério da Educação, acrescentando uma delas que deveria haver uma carga horária maior de administração.

QUARTA PARTE

ANÁLISES E CONCLUSÕES

Fazer pesquisa de campo no Brasil, junto a setores que não têm tradição para estudos dessa natureza, não é tarefa fácil. Por isso, foi preciso muita persistência para conseguir que os segmentos profissionais e organizacionais relacionados atendessem à nossa solicitação, feita por meio de contatos pessoais e de cartas personalizadas.

Os dados obtidos foram bastante valiosos, permitindo-nos equacionar assuntos que estão sendo debatidos em muitos fóruns da categoria. Com relação aos pressupostos inicialmente colocados, podemos tecer as considerações que seguem.

I. CONSIDERAÇÕES SOBRE OS RESULTADOS

1. O desconhecimento da área e das diversas atividades de relações públicas por grande parte das organizações impede o reconhecimento de sua importância no conjunto das demais subáreas da comunicação. Todas as respostas dos diferentes segmentos pesquisados sobre essa questão deixam claro que há, realmente, uma noção errônea ou deficiente do que são as relações públicas e qual é seu âmbito de atuação. Há quase um consenso de que um dos grandes problemas é exatamente o desconhecimento de sua real importância enquanto função estratégica dentro das organizações, enfrentando ela uma crise de identidade. Muitos dos segmentos consultados apontam mesmo as causas disso e sugerem ações concretas para melhorar a situação, como campanhas publicitárias, entrevistas, publicação de artigos, edição de livros, entre outras, com vistas a uma divulgação mais completa das atividades e atribuições da área na mídia impressa e eletrônica.

2. A regulamentação da profissão, pela lei nº 5.377 de 11 de dezembro de 1967, foi prematura, pois as atividades de relações públicas ainda não tinham se consolidado na prática. Concorda com esse pressuposto os profissionais de relações públicas, embora a maioria pondere que isso deva ser debitado da conjuntura do país na época, quando tudo era regulamentado e o Estado autoritário queria controlar tudo o que envolvesse a comunicação. Nos segmentos organizacionais, por outro lado, a maioria posiciona-se contra a regulamentação em vigor, responsabilizando-a pelo esvaziamento da área no Brasil.

3. Hoje, nas organizações, a "comunicação", tenha ela ou não um adjetivo que a qualifique, veio substituir as "relações públicas". Quanto

a essa questão, colocada tanto para os profissionais de relações públicas quanto para os de comunicação organizacional, os principais interessados, uma grande parcela concorda que os tempos mudaram e que o primeiro termo é mais abrangente. Também nas respostas dos segmentos organizacionais fica patente a necessidade de um departamento que abranja todo o conjunto das atividades comunicacionais.

4. A invasão da área de marketing nas atividades inerentes às relações públicas dá-se em razão da falta de maior agressividade dos profissionais da categoria para ocupar os espaços do mercado, uma qualificação inadequada ou ausência de base científica. Pelos depoimentos dados, a área de relações públicas não soube acompanhar as novas exigências do mercado e perdeu muito para o marketing, em razão das causas apresentadas como pressupostos. Os segmentos organizacionais foram contundentes ao dizer que *"o principal problema é o de educação de mercado"*, que *"é necessário obter resultados mais rápidos e mensuráveis"* ou que *"falta à maioria dos profissionais de relações públicas uma visão global da comunicação"*.

5. A formação do profissional de relações públicas em nível de graduação não o capacita para o exercício das suas reais funções, fazendo-se necessário que ela se dê na pós-graduação. Trata-se de uma proposição em torno da qual não há consenso. Os pesquisados afirmam que os cursos são deficientes e devem melhorar, mas a maioria não concorda que eles se dêem apenas na pós-graduação. Por outro lado, há um posicionamento quase unânime no sentido de se abrir espaço para que os portadores de diplomas de outros cursos de graduação façam relações públicas como pós-graduação *lato sensu*. Isso foi bastante salientado tanto no segmento profissional quanto nos segmentos organizacionais.

Essas nossas considerações visaram tão-somente confrontar os pressupostos formulados com os dados obtidos. Coletamos um volume razoável de informações muito preciosas com os questionários enviados e as longas entrevistas pessoais, que foram gravadas e transcritas. No fundo, o que conseguimos, embora de forma incompleta, foi avaliar a partir do mercado as áreas de relações públicas e de comunicação organizacional no Brasil, já focalizadas nos dois capítulos anteriores.

II. EVIDÊNCIAS CONFIRMADAS

1. As relações públicas realmente contribuíram para sistematizar o setor de comunicação organizacional existente hoje no Brasil, não concordando com isso apenas uma minoria.

2. A área acomodou-se com a regulamentação e não soube enfrentar de forma agressiva as mudanças e as exigências do mercado. Com isso, perdeu seu papel estratégico de conduzir e administrar a comunicação nas organizações e a oportunidade de ser reconhecida socialmente.

3. A regulamentação da profissão ocasionou, como uma forma de fugir da legislação, o aparecimento de novas denominações (assuntos corporativos, relações institucionais, marketing interno, endomarketing, marketing social, marketing cultural etc.) para aquilo que se pode considerar a essência das funções de relações públicas.

4. Há um distanciamento entre a área acadêmica e o mercado profissional. Poucos eram, até agora, os estudiosos que percebiam as novas tendências e tentavam encaminhar um processo para reverter a estagnação conceitual. A maioria das escolas continuava a reproduzir noções superadas: as relações públicas vistas como "algo superior", assessorando só as altas cúpulas e voltando-se apenas para tarefas como orientar o cerimonial, promover festas, organizar eventos, "construir e manter uma imagem positiva". A área não tem um alicerce firme nas ciências sociais aplicadas e nas ciências do comportamento – comunicação, filosofia, sociologia, psicologia social, antropologia, política, história, ética, marketing. Por outro lado, o estudante muitas vezes ainda sai da faculdade sem ter adquirido uma boa base teórica e sem ter sequer aprendido direito as técnicas, sem condições, portanto, para desempenhar satisfatoriamente sua função. Para saber atuar estrategicamente, o profissional deve ter uma sólida formação humanística e especializada, qualificação e experiência. Esses equívocos prejudicaram em muito a área, à qual faltou também incorporar sua utilidade sócioeconômica ao conjunto dos objetivos sociais e mercadológicos das organizações.

5. A existência de duas correntes já bastante conhecidas. Uma que vê as relações públicas como parte integrante da macroárea da comunicação organizacional, ao lado do jornalismo, da publicidade e da propaganda, entre outras subáreas possíveis que devem interagir com vistas à construção de um conceito institucional sólido para a organização. Outra que as vincula à administração, atribuindo-lhes a peculiaridade do uso de técnicas de comunicação no desenvolvimento de sua missão. A visão das relações públicas como gerenciadoras da comunicação nas organizações, a exemplo do que já aconteceu no passado e seguindo uma tendência[4] que hoje volta a se configurar, não chegou a ser explorada.

6. O quadro apresentado é um tanto pessimista, mas a década de 1990 aponta para novas tendências e perspectivas promissoras. Surge hoje, graças à democracia e em decorrência das exigências postas

pela sociedade, um novo posicionamento das organizações frente à opinião pública. Faz-se necessário abrir e ampliar os canais de comunicação e estar sempre atento às exigências e às reações dos públicos. Nesse contexto, a área de relações públicas passa a ser mais valorizada e mais requisitada, conforme evidenciam os depoimentos relatados e o ãumento da oferta de estágios, mediante o Centro de Integração Empresa-Escola e outras entidades. No entanto, sua atuação tem de ser no âmbito de uma comunicação integrada, somando-se os esforços da área com os de setores afins dentro da organização, na busca de resultados. Ou, melhor dizendo, é preciso que as relações públicas exerçam uma função estratégica, pautando-se por novos paradigmas, o que será assunto do capítulo seguinte.

REFERÊNCIAS BIBLIOGRÁFICAS E NOTAS EXPLICATIVAS

1. A dissertação de mestrado veio a ser publicada, em sua parte conceitual, pela Summus, em 1986, com o título de *Planejamento de relações públicas na comunicação integrada*, obra que se encontra hoje na terceira edição. A tese de doutorado foi editada, na íntegra, pela Loyola, em 1992, com o título de *Universidade e comunicação na edificação da sociedade.*
2. A Aberje foi criada em 1967 por um grupo de especialistas em comunicação da área de relações públicas. Na época, ela foi a grande articuladora dos profissionais que cuidavam das publicações nas grandes empresas. Em 1989, passou a chamar-se Associação Brasileira de Comunicação Empresarial. Este tema já foi detalhado no Capítulo 2, ao abordarmos a Comunicação Organizacional no Brasil.
3. Conforme já dissemos, o Prêmio Opinião Pública, promovido anualmente pelo Conrerp da 2ª Região (São Paulo e Paraná), é conferido aos melhores *cases* de relações públicas inscritos pelos profissionais da área.
4. Cf. Capítulo 4, especialmente o item "Administrando a comunicação". Temos defendido essa posição em nossas obras anteriores (*Planejamento de relações públicas na comunicação integrada*; *Universidade e comunicação na edificação da sociedade*).

Capítulo 4

RELAÇÕES PÚBLICAS: EM BUSCA DE NOVOS PARADIGMAS

Nosso objetivo, com este capítulo, não é fazer um estudo extensivo sobre os pressupostos teóricos já apresentados por diferentes autores nacionais e estrangeiros de relações públicas. Queremos, sim, fazer uma reflexão sobre seus principais fundamentos e apresentar novos rumos em delineamento, que podem contribuir para repensar essa atividade na atual conjuntura.

I. CIÊNCIA SOCIAL APLICADA

Primeiramente, tem de ficar claro que a comunicação e as relações públicas integram as ciências sociais aplicadas. Se recorrermos à classificação das áreas do conhecimento feita pelas agências financiadoras da pesquisa científica, como, por exemplo, o CNPq, a Coordenação de Aperfeiçoamento de Pessoal de Nível Superior (Capes) e a Fundação de Amparo à Pesquisa do Estado de São Paulo (Fapesp), veremos que elas relacionam a comunicação como uma área e as relações públicas como uma subárea das ciências sociais aplicadas.

Portanto, os fundamentos e os pressupostos teóricos para a prática têm de ser buscados nessas ciências.

As ciências sociais tratam da vida social, da realidade social, da relação do homem com os grupos sociais, com o ambiente físico e biológico, com os documentos e vestígios do passado, com a natureza para dela extrair direta ou indiretamente seus meios de subsistência, enfim, são as que investigam a ação do homem enquanto membro da sociedade.[1]

Edward Bernays foi um dos primeiros autores clássicos a basear as relações públicas nas ciências sociais.

As relações públicas cobrem o relacionamento de um homem, uma instituição ou idéia com seus públicos. Qualquer tentativa eficiente para melhorar esse

105

relacionamento depende de nossa compreensão das ciências do comportamento e de como nós as aplicamos — sociologia, psicologia social, antropologia, história e outras. As ciências sociais são a base das relações públicas. Se as ciências do comportamento têm feito qualquer contribuição para o novo conhecimento do assunto, é óbvio que um conhecimento dessas ciências é básico para um assessor que tenta melhorar as relações entre um indivíduo, um grupo ou uma idéia e o público em geral.[2]

O que diferencia um profissional qualificado de nível superior de um mero técnico ou prático de relações públicas é exatamente sua formação geral e humanística. Ele não faz as coisas simplesmente por instinto ou por rotina, mas procura no conhecimento científico o embasamento para suas ações. Cada caso ou problema se relaciona com as ciências sociais. Por exemplo, no dia-a-dia das organizações, como a psicologia, a sociologia, a política, a antropologia e a comunicação podem auxiliar nos princípios e no direcionamento da prática profissional? Dependendo das necessidades, são essas ciências que nos darão respostas para muitas inquietudes no que diz respeito aos processos de integração, às relações de poder, às análises da cultura organizacional e a muitos outros fenômenos.

1. Aprofundando uma Teoria

Carl H. Botan, da Rutgers University, e Vincent Hazleton, da Illinois State University, organizaram toda uma obra[3] que procura identificar e explicar as raízes teóricas apropriadas para o estudo das relações públicas como uma ciência social, incluindo uma série de contribuições de autores de renome, entre os quais, por exemplo, James Grunig (Cap. 2: "Symmetrical presuppositions as a framework for public relations theory"). Segundo esses autores:

> Fundamental para a maturação das relações públicas como uma profissão e uma disciplina acadêmica é o desenvolvimento de um corpo de conhecimento teórico que as diferencie de outras profissões e outras disciplinas acadêmicas. As raízes acadêmicas dessa disciplina podem ser claramente encontradas em departamentos e escolas de jornalismo e nas ciências empíricas e humanísticas ligadas ao estudo da comunicação.[4]

Algo semelhante ocorreu também na realidade brasileira, com o surgimento das primeiras escolas de jornalismo, que depois se transformaram em Faculdades de Comunicação Social.

Para Botan e Hazleton, os primeiros profissionais de relações públicas eram principalmente ex-jornalistas que trouxeram consigo muitas perspectivas e valores de sua formação e experiência. Além disso, no passado, as relações públicas eram ensinadas em departamentos de jornalismo.

Argumentam que se, por exemplo, a engenharia é uma profissão derivada da física e de outras ciências naturais, mais do que dos mercados de construção, e a medicina era praticada em barbearias antes de se ligar à biologia e à química, também para as relações públicas a habilidade adquirida não produz o corpo único de conhecimento teórico necessário para o desenvolvimento e o avanço da profissão. Por isso, para elaborar essa teoria, seus autores inspiram-se nas tradições humanísticas e empíricas das ciências sociais, que estão refletidas ao longo dos diversos artigos do livro.[5] Botan, especificamente, focaliza-a no Capítulo 6 do livro, no qual aborda as relações públicas dentro de uma visão centrada na comunicação, que é uma ciência social aplicada.[6] Segundo ele, já a I Assembléia Mundial de Associações de Relações Públicas, realizada no México em 1978, sustentou essa posição.

As relações públicas valem-se da comunicação para intercambiar interações entre as organizações e seus públicos.

[Elas] são, assim, uma instância de comunicação aplicada que pode ser estudada usando ferramentas teóricas e da disciplina de comunicação. Adicionalmente, pelo fato de a comunicação ser uma ciência social aplicada (...), alguns instrumentos teóricos e de pesquisa de outras ciências sociais podem ser úteis no estudo das relações públicas.[7]

Mas isso não que dizer que qualquer praticante das relações públicas é um cientista social. Como Grunig (1983) observou, existe uma diferença importante entre ver as relações públicas como uma ciência social aplicada e ver os profissionais de relações públicas como cientistas sociais (...) Só aqueles profissionais que aproveitam o corpo do conhecimento teórico para avançar em sua prática e usar a prática para contribuir para esse corpo são cientistas sociais aplicados (...). Com algumas exceções notáveis, as relações públicas não direcionam o desenvolvimento da teoria ou a afinidade com a prática para a construção da pesquisa e da teoria. O resultado é que, segundo afirmou Toth (1986), há poucas perspectivas teóricas consistentes em desenvolvimento sobre negócios públicos.[8]

2. Um Domínio Científico

O próprio James Grunig, em seu artigo no livro de Botan e Hazleton, diz que:

Se as relações públicas fossem um domínio mais avançado, nós estaríamos discutindo de quem é a melhor teoria para resolver os problemas conceituais e os problemas empíricos anômalos de Laudan. Em vez disso, parece que há pouca discordância pública, provavelmente porque nós temos poucas teorias para questionar. Nós temos poucas teorias porque nós não definimos os problemas importantes no domínio.[9]

107

Ao explicar como Shapere definiu "domínio", Grunig considera:

> As relações públicas podem ser descritas como um domínio científico dentro de uma área mais ampla da comunicação, embora seja certamente um dos domínios menos desenvolvidos da comunicação.[10]

Se avaliarmos que a própria área da comunicação social não possui ainda um *corpus* teórico próprio capaz de explicar todos os fenômenos comunicacionais, como teriam as relações públicas, como subárea, condições de apresentar um "domínio" ou uma unidade teórica mais profunda? Acreditamos que a saída seja repensar os paradigmas existentes e buscar novas formas para visualizar os pressupostos teóricos das relações públicas. Valemo-nos aqui de Thomas Kuhn,[11] que para Ulisses Capozoli foi um "filósofo que reformulou a ciência", ao dividi-la em duas fases opostas: "normal" e "revolucionária".

> Em uma fase de ciência "normal" (...), os cientistas exploram as conseqüências de um paradigma – ou matriz disciplinar – sem maiores dificuldades. (...) Quando os paradigmas não dão conta das previsões que se espera deles (...), está instaurada a fase da ciência "revolucionária". Os cientistas começam então a procurar alternativas. Assim que uma delas ganha a confiança da comunidade, pela ausência de anomalias detectadas na matriz antiga, instaura-se um novo ciclo de ciência "normal".

Assim, para Kuhn, o progresso científico é o "resultado da plasmação de diferentes tradições intelectuais no esforço de resolução de questões relativas ao conhecimento". Nisto ele se opõe ao pensamento de Karl Popper, que "interpretava o desenvolvimento da ciência como conseqüência da atividade de imaginação e crítica dos cientistas, animados por um trabalho de refutação constante e interminável das teorias".[12]

A comunidade científica é composta por praticantes de uma especialidade, compartilhando seus membros os mesmos paradigmas, assimilados por uma iniciação e uma educação similares. A revolução é uma espécie de mudança envolvendo um certo tipo de reconstrução dos compromissos de grupo. As grandes revoluções, como as associadas aos nomes de Copérnico, Newton, Darwin ou Einstein, opõem-se às mudanças cumulativas. Normalmente, como no caso das relações públicas, a mudança não depende da existência de crises como um pré-requisito para uma revolução. As crises são apenas o prelúdio costumeiro para a implementação de mecanismos de autocorreção capazes de assegurar que a rigidez da ciência normal não permanecerá para sempre sem desafio.[13]

Os *novos* paradigmas – ou as novas matrizes – das relações públicas têm de ser buscados, em primeiro lugar, nas ciências sociais e, especialmente, na comunicação. E devem ser descobertos e avaliados a partir de uma visão implícita ou explícita da realidade, que engloba crenças, valores e modos de pensar o mundo. O fato é que um paradigma tem vigência e legitimidade enquanto os membros de uma comunidade acadêmica ou área de especialização o endossarem.[14]

As próprias ciências sociais estão em xeque. Com o fenômeno da globalização, os antigos paradigmas fincados nos ditames da sociedade nacional, segundo Octávio Ianni, estão sendo substituídos por outros.

Este é um momento epistemológico fundamental: o paradigma clássico, fundado na reflexão sobre a sociedade nacional, está sendo subsumido formal e realmente pelo novo paradigma, fundado na reflexão sobre a sociedade global. O conhecimento acumulado sobre sociedade nacional não é suficiente para esclarecer as configurações e os movimentos de uma realidade que já é sempre internacional, multinacional, transnacional, mundial ou propriamente global.[15]

É nessa sociedade global que se dá a prática das relações públicas, particularizada nos subsistemas sociais que são as diversas organizações.

Quais os modelos que já foram ou que estão sendo e podem ser praticados por essas organizações?

II. QUATRO MODELOS DE RELAÇÕES PÚBLICAS

Na busca de novas propostas teóricas para as relações públicas, a bibliografia norte-americana brindou-nos com algumas obras de James E. Grunig, professor da Universidade de Maryland, "um escritor prolífico e provavelmente o maior teórico das relações públicas no mundo",[16] e Todd Hunt, da Universidade de New Jersey.

Em 1984, os dois publicaram um livro no qual discorrem sobre quatro modelos que caracterizam a prática das relações públicas ao longo da história e mesmo em nossos dias, retomados em outra obra, de 1994.[17] Nós os reproduzimos no quadro da página seguinte.

Esses modelos foram objeto de muitos estudos que o próprio Grunig tem liderado nos últimos anos, como diretor e editor do projeto de Excelência em Relações Públicas e no Gerenciamento da Comunicação, da International Association of Business Communicators (IABC).

Richard A. Lindeborg[18] relata que a pesquisa, da qual resultou outro livro organizado por Grunig,[19] teve duas fases. A primeira foi dedicada à criação de uma teoria compreensiva das relações públicas, com base em uma extrema revisão da literatura de relações públicas, sociologia, psicologia, filosofia, antropologia, administração e marketing, que é objeto dessa obra de Grunig. A segunda consistiu de entrevistas com presidentes, diretores de comunicação e mais de 4.500 funcionários de 300 organizações dos Estados Unidos, do Canadá e do Reino Unido. É um trabalho que ainda se acha em curso, sendo acompanhado e testado na prática.

Características de quatro modelos de relações públicas
(Grunig e Hunt)

	De imprensa/ propaganda	De informação pública	Assimétrico de duas mãos	Simétrico de duas mãos
Objetivo	• Propaganda	• Disseminação da informação	• Persuasão científica	• Compreensão mútua
Natureza da comunicação	• De uma mão • Verdade completa não é essencial	• De uma mão • Verdade é importante	• De duas mãos • Efeitos desequilibrados	• De duas mãos • Efeitos equilibrados
Processo de comunicação	• Fonte → Receptor	• Fonte → Receptor	• Fonte ⇄ Receptor *Feedback*	• Grupo ⇄ Grupo
Natureza da pesquisa	• Pequena • Porta em porta	• Pequena • Alta legibilidade • Público: leitores	• Formativa • Avaliadora de atitudes	• Formativa • Avaliadora da compreensão
Figuras principais	• Phineas Barnum • Esportes • Teatro	• Ivy Lee	• Edward Bernays	• Bernays • Educadores • Líderes profissionais
Usos típicos	• Promoção de produtos	• Governo • Associações não-lucrativas • Organizações	• Empresas competitivas • Agências	• Empresas • Agências

Fonte: GRUNIG, James E., e HUNT, Todd. *Managing public relations*, p. 22. HUNT, Todd e GRUNIG, James E. *Public relations techniques*, p. 9.

1. Conteúdo dos Modelos

- O primeiro modelo, considerado o mais antigo, é o *de imprensa/propaganda*. Visa publicar notícias sobre a organização e despertar a atenção da mídia. É uma comunicação de mão única, não havendo troca de informações. Utiliza técnicas propagandísticas.

- O segundo modelo é o *de informação pública*. Caracterizado como jornalístico, dissemina informações relativamente objetivas por meio da mídia em geral e de meios específicos. A abordagem das relações públicas segue os parâmetros das escolas de jornalismo.

- O terceiro modelo é o *assimétrico de duas mãos*, que inclui o uso da pesquisa e outros métodos de comunicação. Vale-se desses instrumentos para desenvolver mensagens persuasivas e manipuladoras. É uma visão mais egoísta, pois visa aos interesses somente da organização, não se importando com os dos públicos.

- O quarto modelo é o *simétrico de duas mãos*, a visão mais moderna de relações públicas, em que há uma busca de equilíbrio entre os interesses da organização e dos públicos envolvidos. Baseia-se em pesquisas e utiliza a comunicação para administrar conflitos e melhorar o entendimento com os públicos estratégicos. Portanto, a ênfase está mais nos públicos prioritários do que na mídia.

A partir do referencial teórico sobre esses quatro modelos, James Grunig iniciou, com a participação de mais professores e consultores de relações públicas, um amplo trabalho, cujos resultados foram publicados em 1992, em um volume de 666 páginas.[20]

2. Um Pequeno Histórico

James Grunig e Larissa Grunig[21] apresentam um histórico dos quatro modelos de relações públicas identificados por Grunig e Hunt.

- Embora Grunig e Hunt tenham reconhecido que, ao longo da história, houvessem surgido atividades "parecidas com as relações públicas", eles proclamaram que os assessores de imprensa de meados do século XIX foram os primeiros especialistas a fazer um trabalho de relações públicas em tempo integral. Estes, com um destaque para P. T. Barnum, praticaram o modelo *de imprensa/propaganda.*

- No começo do século XX, segundo Grunig e Hunt, surgiu o modelo *de informação pública*, como reação aos ataques dos jornalistas às grandes corporações e aos órgãos governamentais. Os líderes dessas organizações passaram a contratar jornalistas para escrever press-releases com o objetivo de explicar suas ações. Embora os profissionais desse segundo modelo geralmente tratassem de relatar coisas boas de suas empresas, as informações que distribuíam eram verdadeiras e exatas. Ivy Lee foi a figura mais importante desse modelo.

- Durante a Primeira Guerra Mundial, alguns profissionais de relações públicas começaram a fundamentar sua atividade nas ciências sociais e nas ciências do comportamento, como a psicologia, da qual se valeu o expoente desse modelo, Edward L. Bernays, sobrinho de Sigmund Freud. Como essas ciências se baseiam na pesquisa, as relações públicas passaram a ter outro enfoque, com o surgimento de um modelo *assimétrico de duas mãos*. Os profissionais buscavam e devolviam informações. O modelo é assimétrico porque utiliza a pesquisa mais para identificar mensagens que motivem ou convençam o público, por meio de técnicas de propaganda e de "engenharia do consentimento". Bernays acreditava que, se o público pode ser manipulado para maus propósitos, também o pode para bons propósitos.

- Grunig e Hunt identificaram em Lee, em Bernays, nos educadores e nos líderes profissionais muitas das suposições que compõem o modelo *simétrico de duas mãos*, como "dizer a verdade", "interpretar o cliente e o público" e pautar-se por uma administração em que as organizações compreendem os pontos de vista de seus públicos e estes, por sua vez, compreendem os das organizações. Mas poucos dos profissionais dos três modelos anteriores puseram em prática tais pressupostos. Então os teóricos e acadêmicos das relações públicas tomaram a palavra e construíram o quarto modelo com base em seu aprendizado e na pesquisa. Esse modelo é simétrico porque, mais do que na persuasão e na manipulação, ele tem no entendimento o objetivo principal das relações públicas.

III. A EXCELÊNCIA NA COMUNICAÇÃO

Depois que Grunig e Hunt identificaram os quatro modelos (1984), o primeiro, em 1989, passou a ver também no modelo *de informação pública* uma comunicação *simétrica de duas mãos*. E ele passou a caracterizar os modelos *de imprensa/propaganda* e o *assimétrico de duas mãos* como "artesanais", enquanto os modelos *de informação pública* e *simétrico de duas mãos* seriam "científicos".[22]

Cada um dos quatro modelos poderia servir como uma teoria normativa das relações públicas. Por exemplo, seria possível dizer ao profissional como ser uma assessor de imprensa ou um especialista em informação pública. Na verdade, de acordo com James e Larissa, os quatro modelos existem na vida real. Mas eles acreditam que, normativamente, só o modelo *simétrico de duas mãos* define as relações públicas *excelentes*.

Uma comunicação excelente, segundo Lindeborg,[23] citando Frederic T. Halperin, tem por suporte: o valor que a alta direção de uma organização lhe atribui (ela quer que a comunicação desempenhe um papel de entendimento mútuo entre a organização e os públicos afetados por ela, em um processo de mão dupla e resultados financeiros positivos); o papel e o comportamento do responsável por ela (este toma as decisões e participa ativamente do planejamento estratégico, deixando a prática para a equipe); a cultura corporativa da organização (ela é participativa e não autoritária, compartilhando o poder e as decisões).

1. Ideal e Responsabilidade

Para Lindeborg,[24] em uma visão *idealista* do papel das relações públicas na sociedade, as organizações e os públicos interagem para administrar a interdependência. Mas "essa visão é tão idealista que raramente é utilizada".

Na prática, os profissionais vêem essa atividade de forma *pragmática* (como meio de agregação de valor, ao ajudar os públicos a alcançar seus objetivos); ou então de forma *conservadora* (como ferramenta para promover os interesses do poder); ou, ainda, de forma *radical* (como instrumento para promover melhorias e reformas).

Nos meios acadêmicos, dá-se preferência à abordagem das relações públicas dentro de uma visão *neutra* (como um fenômeno a ser estudado) ou de uma visão *crítica* (como parte do sistema organizacional, sujeita à avaliação em função da ética, das conseqüências sociais e da eficácia).

Os melhores programas de comunicação[25] baseiam-se na visão *idealista* das relações públicas. Os comunicadores que as entendem dessa forma deveriam basear sua ética no *modelo simétrico de duas mãos*.

Citando uma tese de 1984, não publicada, de Ronald A. Pierson, Lindeborg apresenta um conjunto de regras a serem aceitas mutuamente em função do diálogo entre a organização e seus públicos:

- Na comunicação que envolve a abertura de novas linhas de comunicação, devem ser usadas mensagens compreensíveis e canais que permitam uma melhor compreensão.

- Na comunicação que envolve aspectos ligados à verdade, as mensagens devem ter suporte em razões ou motivos apropriados.

- Na comunicação que envolve sentimentos, as mensagens devem inspirar sinceridade e confiança.

- Na comunicação que envolve uma solicitação, ordem ou recusa, as mensagens devem estar baseadas em normas válidas ou em autoridade legítima, ficando abertas à discussão.

2. Organização e Valoração

A pesquisa efetuada pelos estudiosos da *comunicação excelente* também revelou que a atividade de relações públicas, para ser eficaz, deve ser corretamente organizada.

Para tanto, é necessário: posicionar a função no contexto da organização, dando-lhe acesso direto ao sistema administrativo; integrar as áreas da comunicação em um único departamento, para facilitar a administração estratégica; desenvolver uma estrutura horizontal dinâmica, para maior flexibilidade na hora de trabalhar com novos objetivos estratégicos.[26]

Além disso,[27] as relações públicas devem ser definidas em termos de uma missão socialmente justificável e organizacionalmente relevante. Mas a eficácia de suas ações também deve ser "quantificável". Para ele, um problema enfrentado é que poucos teóricos discutem a contribuição econômica que a comunicação presta a uma organização. E como medir um retorno no campo das relações públicas, no qual os benefícios da atividade só aparecem a longo prazo?

Os autores do estudo da *comunicação excelente* acreditam que o valor de um programa de comunicação deve ser avaliado exatamente por sua eficácia ao procurar conciliar os objetivos organizacionais e as expectativas dos públicos-alvos. Só isto permitirá fazer uma análise de custo x benefício de cada ação comunicacional – e não um relatório contábil.

3. Relações Públicas Excelentes

Ao descrever a importância da pesquisa que foi realizada e a respectiva produção do livro de Grunig, Lindeborg afirma que "os autores do estudo da excelência acreditam que produziram a primeira teoria geral de relações públicas e da administração da comunicação".[28]

De acordo com ele, a literatura perpassada no estudo da *comunicação excelente* indicou que as relações públicas simétricas são mais eficazes do que as assimétricas e que são mais responsáveis, ética e socialmente, porque administram os conflitos em vez de promover uma guerra.

O mesmo afirmam James e Larissa Grunig, argumentando:

> O modelo simétrico de duas mãos proporciona uma teoria normativa de como se deveria praticar as relações públicas para que estas sejam éticas e eficazes – características de uma administração comunicacional excelente".[29]

Só esse modelo rompe com a visão de que a atividade é um instrumento de manipulação do público em benefício das organizações.

Enfim, concluindo com Lindeborg, comunicação excelente e relações públicas excelentes são aquelas estrategicamente gerenciadas, que alcançam seus objetivos e equilibram as necessidades da organização com as de seus principais públicos.[30]

IV. RELAÇÕES PÚBLICAS NA COMUNICAÇÃO INTEGRADA

No Capítulo 5, ao abordarmos as relações públicas a caminho da modernidade, apresentaremos diferentes maneiras de conceber essa área em uma perspectiva da dinâmica atual. Por isso, a abordagem da seqüência só irá concentrar-se em alguns aspectos que julgamos relevantes para um novo dimensionamento da área, tendo em vista sobretudo sua valorização como ciência social aplicada e na prática do dia-a-dia das organizações.

Há dezessete anos, ao iniciarmos o curso de mestrado, passamos a nos preocupar com a idéia de que as relações públicas têm de se contextualizar no composto de uma *comunicação integrada* das organizações.[31] Não tínhamos nenhuma pretensão de apresentar grandes teorias, mas, sim, de demonstrar que, para serem eficazes, as relações públicas têm de atuar em parceria com as outras subáreas da macroárea da Comunicação. Pelo que se pode perceber, isso está se tornando um fato. Muitos autores e profissionais salientam a necessidade de integração.

Nenen Prancha, criatura imortal citada pelo jornalista João Saldanha, dizia que o pênalti é tão importante que deveria ser batido pelo presidente do clube. A comparação é válida: a comunicação empresarial é, hoje, tão fundamental que deveria envolver diretamente os presidentes das empresas. Isso porque comunicação empresarial é a somatória de todas as atividades de comunicação da empresa. Elaborada de forma multidisciplinar – a partir de métodos e técnicas de relações públicas, jornalismo, *lobby*, propaganda, promoções e marketing – e direcionada à sociedade, a formadores de opinião, consumidores e colaboradores (trabalhadores, fornecedores e parceiros), [tendo] sempre como referência básica o planejamento estratégico (...).[32]

As empresas de relações públicas hoje oferecem serviços integrados de comunicação. Recentemente, Agostinho Gaspar, presidente da Gaspar & Associados, deu o seguinte depoimento:

Não somos uma assessoria de imprensa, mas uma agência de relações públicas que se propõe administrar todas as necessidades de comunicação do cliente, envolvendo também consultorias estratégicas, relações públicas corporativas e de apoio ao marketing.[33]

E as organizações privadas e públicas, na sua maioria, já estruturam áreas mais abrangentes de "comunicação" ou "comunicação social", sob uma diretoria única.

Entendemos por comunicação integrada aquela em que as diversas subáreas atuam de forma sinérgica. Ela pressupõe uma junção da comunicação institucional, da comunicação mercadológica e da comunicação interna, que formam o composto da comunicação organizacional. Este deve formar um conjunto harmonioso, apesar das diferenças e das especificidades de cada setor e dos respectivos subsetores. A soma de todas as atividades redundará na eficácia da comunicação nas organizações.

Em síntese, nossa proposta pode ser compreendida pelo quadro apresentado na página seguinte, no qual procuramos demonstrar como a interação desses três tipos principais de comunicação pode atuar, usando as subáreas específicas como ferramentas fundamentais nas ações comunicativas. Maiores detalhes conceituais poderão ser vistos em nossas publicações.[34]

A comunicação integrada permite que se estabeleça uma política global, em função de uma coerência maior entre os programas, de uma linguagem comum e de um comportamento homogêneo, além de se evitarem as sobre-

115

posições de tarefas. Os diversos setores trabalham de forma conjunta, tendo ante os olhos os objetivos gerais da organização e ao mesmo tempo respeitando os objetivos específicos de cada um.

Para as organizações em geral, é muito importante a integração de suas atividades de comunicação, em função do fortalecimento do conceito institucional, mercadológico e corporativo junto a toda a sociedade. É preciso incorporar a idéia de uma comunicação globalizante, que nos ajude a compreender e acompanhar o ritmo acelerado das mudanças no Brasil e no mundo. Uma comunicação parcial e fragmentada nunca conseguirá isso.

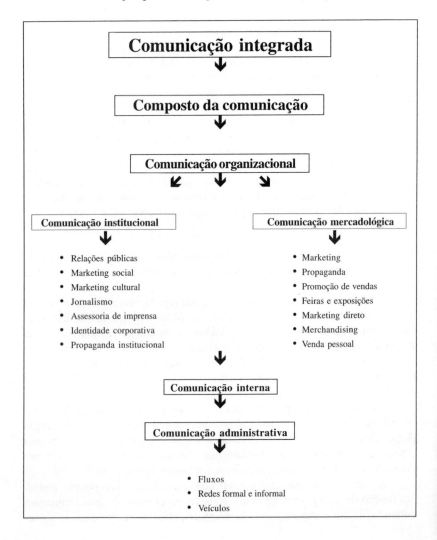

Escreve, a propósito, Miguel Jorge:

Com o acirramento da concorrência em escala internacional, as empresas dependem, cada vez mais, de eficientes canais de comunicação (...) para promover as mudanças exigidas pela nova ordem econômica. [Isto] é fundamental para tornar conhecidos novos conceitos, repensar os processos produtivos e métodos organizacionais e buscar soluções para os novos paradigmas apresentados.

E acrescenta: "Um dos maiores entraves à política de comunicação das empresas é a constituição de feudos que acreditam ter objetivos diferentes".[35]

Sabemos que até em organizações de grande porte há "feudos" claramente definidos, dos quais este ou aquele é privilegiado, dependendo da "habilidade" do respectivo diretor e do grau de compreensão que o presidente tem do que seja uma política de comunicação. Na surdina, até um setor como o de relações governamentais, destacado geralmente apenas para atividades lobísticas, procura disputar a supremacia, "conquistando" o *status* de diretoria, ficando a comunicação social, a comunicação de marketing e a comunicação interna confinadas em simples gerências de departamento. Um diretor *de comunicação* em uma empresa desse tipo, como em grande número de organizações modernas e competentes? Nem pensar! Isso tiraria o poder de "meu" setor... Comunicação *integrada*? Só se for subordinada à "minha" área de recursos humanos ou de marketing. "A equação dessas incompreensões e, às vezes, tolas vaidades constitui o passo número-um."[36]

Trata-se aqui de idéias que, defendidas por nós desde nosso ingresso na pós-graduação, em 1979, nesta década de 1990 se veriam corroboradas até mesmo pelo governo federal, cuja comunicação foi tão criticada nas décadas anteriores e ainda hoje deixa a desejar. Durante a presidência de Itamar Franco (1992-1994), criou-se, pelo decreto nº 785 de 27 de março de 1993, o Sistema Integrado de Comunicação Social da Administração Pública Federal (Sicom), que passou a se denominar Sistema de Comunicação Social do Poder Executivo Federal a partir de 11 de setembro de 1996, com o decreto nº 2004, já na gestão de Fernando Henrique Cardoso (1994-...).[37]

O Sicom é integrado pela Secom, como órgão central, e pelas unidades que, nos ministérios, em outros setores federais, nas autarquias, fundações e sociedades sob controle direto ou indireto do governo, tenham a atribuição de gerir atividades de comunicação nas áreas de imprensa, relações públicas e publicidade (que inclui a propaganda institucional e mercadológica, a publicidade legal e a promoção institucional e mercadológica). As ações são orientadas pelo PCI, elaborado pela Secom, e pelo PAC, desenvolvido pelos demais integrantes do Sicom. O PCI estabelece as políticas e diretrizes globais de comunicação social e consolida as prioridades da comunicação do poder executivo federal com a sociedade.

1. Conformando a Identidade Corporativa

As relações públicas têm um importante papel a desempenhar no contexto da comunicação integrada. Terão sob sua responsabilidade, principalmente, a comunicação institucional, que deverá usar todos os meios possíveis para criar e construir uma identidade corporativa da organização perante a opinião pública e a sociedade em geral.

A identidade corporativa diz respeito à personalidade, aos valores e às crenças atribuídos a uma organização, pelos seus públicos internos e externos, após todo um trabalho desenvolvido ao longo do tempo. Sua formação e consolidação envolve três fatores: o que a empresa diz por meio de sua comunicação; o que ela realmente faz, em termos de comportamento institucional e de qualidade dos seus serviços e produtos; e o que dizem e acham dela seus públicos, mediante os meios de comunicação, as manifestações, os rumores etc.[38]

Um trabalho dessa natureza é inerente à área de relações públicas e tem de estar conectado com a comunicação mercadológica e a comunicação interna. Ou seja, tem de ser bem administrado, buscando a excelência comunicacional como resultado principal. Daí a necessidade de uma política global de comunicação para a organização como um todo, que, respeitando as especificidades das diferentes áreas, as leve a interagir por meio de uma sinergia simétrica.

2. Administrando a Comunicação

Uma comunicação integrada que canalize toda a sinergia nessa área só será possível se pautada por um planejamento estratégico, com vistas a resultados, como acentuam a Aberje e a Aberp.[39]

Qual a área da comunicação organizacional que tem por obrigação avaliar e prognosticar o pensamento e as reações dos públicos senão a de relações públicas? Pela natureza de suas atividades, pelo seu objeto de estudo e pela própria formação dos profissionais, cabe a ela essa tarefa. Trata-se de entrar no mérito de princípios e fundamentos daquilo que deve ser a essência dessa atividade, que, em 1984, Grunig e Hunt sintetizaram como "a administração da comunicação entre a organização e seus públicos".[40]

Dez anos depois,[41] em 1994, os dois autores retomam esse posicionamento, apresentando uma conceituação de relações públicas que talvez seja a mais clara e mais precisa que nos foi dado conhecer até agora. Para eles, muitas definições contêm dois elementos: comunicação e gerenciamento. Ou seja: relações públicas é o caminho formal pelo qual as organizações se comunicam com seus públicos, de forma planejada – ou administrada. Enquanto grande parte das ações de comunicação organizacional acontecem em função da oportunidade, relações públicas é a comunicação planejada e coordenada por gerentes profissionais.

118

Para Hunt e Grunig, a comunicação é uma ação que consiste em mover símbolos para/de pessoas, grupos ou organizações. Então, pode-se dizer que relações públicas é o procedimento comunicacional administrado de uma organização com seus públicos.

Os profissionais de relações públicas planejam e executam a comunicação para a organização como um todo ou ajudam setores dela a se comunicarem. Eles administram o movimento de mensagens *para dentro* da organização quando, por exemplo, conduzem uma pesquisa sobre o conhecimento, as atitudes e os comportamentos dos públicos e, em seguida, orientam os executivos sobre como tornar as políticas e ações aceitáveis para os públicos. Eles podem administrar o movimento de mensagens *para fora* da organização ao ajudar os executivos a decidir como explicar uma política ou uma ação para um público e então escrever uma informação ou um comunicado para tanto.

Ainda segundo os dois autores, muitos estudantes e profissionais freqüentemente se confundem diante das diferenças entre relações públicas e outras funções de comunicação organizacional. O caso é mais complicado quando se trata de confrontar a área com a de marketing, o que desenvolveremos no item V, a seguir. Além disso, a atividade às vezes é definida, de forma limitada, como a comunicação com apenas um público.

Por exemplo, "negócios governamentais" é a comunicação com governos ou grupos que afetam a política governamental. "comunicação interna" é a comunicação com os empregados. "relações comunitárias" é a comunicação com os públicos da comunidade. "relações com a mídia" é a comunicação com os meios.

> Se a organização define relações públicas como apenas uma dessas formas – como a comunicação com um só público – , ela se esquece nitidamente de seus outros públicos estratégicos (...). Relações públicas é um termo amplo que cobre todas essas funções – uma comunicação da organização com todos os seus públicos.

Vale acrescentar aqui a diferença que Hunt e Grunig fazem entre "público" (genericamente) e *stakeholders* (uma espécie de *acionistas*, sem o ser em forma financeira). Para eles, a distinção é sutil, mas ajuda a entender o planejamento estratégico de relações públicas. *Stakeholders* são pessoas ou grupos que estão *lincadas* (*linked*, mais do que apenas ligadas) a uma organização porque entre as duas partes há interesses recíprocos. Quem tem um *link* com uma organização tem um *stake* com ela, faz uma aposta nela, o que se pode entender como uma *quota* nela aplicada. Um *stakeholder*, portanto, é "qualquer indivíduo ou grupo que pode afetar a organização ou é afetado por suas ações, decisões, políticas, práticas ou resultados", resumem Hunt e Grunig, citando Archie B. Carrol. Enfim, trata-se, para nós, dos públicos-alvos ou, em uma linguagem mais moderna, públicos estratégicos.

O primeiro passo no gerenciamento estratégico de relações públicas é mapear os públicos que estão *lincados* a uma organização, *plugados* nela, poderíamos dizer. Nessa lista típica acabarão sendo arrolados: proprietários, advogados do consumidor, clientes, concorrentes, meios de comunicação, empregados, grupos de interesse especial, ambientalistas, fornecedores, governos e organizações da comunidade local. Uma comunicação permanente com esses públicos estratégicos ajuda a construir um relacionamento estável e de longo prazo, que facilitará a administração de conflitos que possam ocorrer.[42]

Os critérios a serem levados em conta para esse mapeamento dos públicos no processo de planejamento estratégico vão além daquela classificação tradicional que os divide em interno, misto (acionistas, fornecedores, revendedores) e externo. Hoje, segundo Matrat, eles devem ser analisados e avaliados "quanto ao poder que possuem de influir nos objetivos organizacionais, muitas vezes ajudando e, em outras, obstruindo",[43] por meio de atitudes, comportamentos, consultas e opiniões.[44] Por isso, os parâmetros têm de ser dinâmicos, baseados na leitura ou no monitoramento do ambiente. Fatos emergentes ou ocasionais podem determinar o surgimento de públicos estratégicos que antes eram latentes. Ou seja, é preciso levar em conta também os aspectos circunstanciais ou conjunturais e as situações de crise da dinâmica histórica da sociedade, pois tudo isso afeta direta ou indiretamente qualquer organização.

Estamos feliz por ver incisivamente confirmadas em estudos atuais de autores de renome idéias que já vimos expondo desde o mestrado, a partir de 1979.[45] No Brasil, mais pesquisadores tendem a defender essa posição, embora, às vezes, não o façam explicitamente. Não é o caso, por exemplo, de João Alberto Ianhez, que, em notável artigo sobre a necessidade de integração da comunicação nas organizações, diz categoricamente:

> O que ocorre na maioria das organizações é que cada área busca administrar um conceito para o segmento do público junto ao qual atua, de acordo com a cabeça do responsável pela operação (...), como uma colcha de retalhos. (...) Hoje, nos mercados mais desenvolvidos, que estão com as vistas voltadas para o ano 2000, relações públicas está sobrepondo-se às demais ações da empresa – marketing, recursos humanos e outras –, envolvendo a empresa como um todo.[46]

3. Atuando Estrategicamente

Administrar estrategicamente a comunicação significa pensar na *comunicação excelente* e eficaz, a partir de uma análise ambiental e uma auditoria social, regida pela flexibilidade, pela percepção e por uma avaliação mensurável dos resultados, que devem beneficiar não só a organização, mas também seus públicos. No dizer de Merton Fiur:

As relações públicas são o gerenciamento de funções primariamente responsáveis por moldar e implementar programas de mediação entre os interesses sociais, políticos e econômicos capazes de influenciar o crescimento e/ou a sobrevivência básica da organização. Para este fim, a função de relações públicas tem também a responsabilidade de identificar as forças e os efeitos das mudanças no ambiente da organização, assim como antecipar novas necessidades de potencial de mediação e informar antecipadamente todas as outras atividades da organização.[47]

As relações públicas na década de 1990 e a caminho do próximo milênio devem ser consideradas sob um novo ângulo. Elas têm de ser encaradas como uma função estratégica, como um valor no contexto econômico, político e social das organizações, conforme análise de Frank Corrado.

No passado, o programa de comunicação era mais tático do que estratégico. O trabalho tinha determinadas funções: apoiar atividades de relações humanas e criar um sentimento de boa vontade, dando valor aos talentos pessoais dos empregados. A função do Departamento de relações públicas era reativa – proteger os executivos contra a imprensa, produzir o relatório anual, escrever um discurso ocasional e publicar o boletim informativo mensal.

Poucas das responsabilidades do Departamento de Comunicações eram destinadas a ajudar a realizar a missão da empresa. Além disso, o pessoal de relações públicas padecia por causa do antiqüíssimo preconceito contra o mensageiro de más notícias. O Departamento de Relações Públicas era o elo com o mundo exterior. Se algo de ruim fosse publicado na imprensa, a culpa era deles. Por outro lado, o diretor de relações públicas também era percebido como um mediador que sabia fazer mágica com a imprensa, sabia tirar água de pedra...[48]

Essa mudança de concepção e de prática exigirá novas posturas do profissional de relações públicas. Seu papel deverá ser o de um estrategista e de uma pessoa com visão de mundo e de negócios. Terá de mostrar aos dirigentes a relevância da comunicação e a necessidade de sua administração. Ele, em síntese, pode e deve exercer as seguintes atividades:

- Assessorar a direção da empresa, avaliando seus objetivos globais e fazendo recomendações sobre como a área pode contribuir para esses objetivos.

- Contribuir para a análise dos planos de negócios da empresa, identificando problemas e oportunidades na área de comunicação, estabelecendo programas para minimizar situações indesejadas e capitalizando situações positivas.

- Criar e fornecer à direção da empresa instrumentos de comunicação que mantenham os públicos informados de suas ações e seus pontos de vista.

- Antecipar, do ponto de vista de comunicação, situações que possam vir a causar impacto sobre os negócios da empresa.

- Desenvolver sua atividade de forma planejada e sempre integrada às demais áreas da empresa. Ou seja, quando sugerir algum projeto e estiver executando uma ação, lembrar-se de que as relações públicas são um meio para alcançar objetivos claros e bem definidos e não um fim em si mesmas.[49]

Para que a atuação da área de relações públicas seja efetivamente reconhecida e valorizada no conjunto do todo organizacional, terá de ser guiada por um planejamento estratégico. A redefinição dos objetivos e das políticas de comunicação deverá estar conectada com os negócios, a missão e os valores delineados justamente com a realização do planejamento estratégico. Para João A. Ianhez:

> O ponto fundamental da atuação de relações públicas são os valores da empresa e a definição de como ela deseja ser vista pelo público, isto é, a definição estratégica do conceito empresarial. Os valores empresariais devem ser claramente definidos, buscando-se fazê-los permear toda a empresa, para que todos dentro dela tenham, no documento formalizador desses valores, seu guia de atuação. Para chegarmos à definição estratégica do conceito empresarial, devemos analisar os objetivos da empresa, seus valores, as estratégias de seus produtos e serviços, a estratégia institucional e suas políticas. Chegamos, assim, à definição do conceito que, do ponto de vista estratégico, a empresa deverá desenvolver junto ao público.[50]

É evidente que construir uma definição estratégica do conceito empresarial e fazer com que este seja assimilado pelo público dependerá, fundamentalmente, de uma comunicação pensada e administrada em seus mínimos detalhes. Eis aí um novo desafio para as relações públicas.

V. RELAÇÕES PÚBLICAS E MARKETING

Ao longo desta obra, já tornamos evidente que as relações públicas perderam espaço para o marketing e as áreas afins da comunicação social porque não souberam se apresentar como um "valor econômico" para as organizações. Estas, por sua vez, ainda não conseguiram compreender que, de acordo com o posicionamento dos estudiosos da *comunicação excelente*, é praticamente inviável medir quantitativamente os resultados da atividade específica de relações públicas. Pode-se avaliá-la qualitativamente, pela mudança comportamental que gera na organização e em seus públicos. Philip Lesly argumenta:

A coisa mais valiosa que as relações públicas podem fazer não é mensurável: ajudar as organizações a evitar erros, aconselhar a reconciliação em conflitos, formular posicionamentos e percepções. As pessoas que vivem em função de números ignoram esse valor.[51]

O termo *marketing* tornou-se um modismo. Ele é usado até para se referir a setores e trabalhos específicos de comunicação. Marketing institucional, marketing social, marketing de relacionamento, marketing cultural, marketing interno, endomarketing, marketing universitário, marketing educacional, marketing imobiliário... Tudo está caindo nas mãos do Marketing, que se pretende uma panacéia para muitos males. Essa ingerência no campo da comunicação organizacional já está se tornando pedante, por sua inadequação, impropriedade e incorreção.

É preciso compreender que, se a propaganda é a alma do negócio, a comunicação é a essência da imagem na sociedade. Afinal, no novo mundo, abençoado pela liberdade de ir, vir, pensar e dizer, a figura do cidadão precede a do consumidor, do eleitor e do contribuinte.[52]

É em torno disso que gira nossa argumentação neste item V.

Independentemente da polêmica, não há como negar que as relações públicas precisam resgatar seu papel nesse contexto, colaborando para que as organizações alcancem seus objetivos mercadológicos. Segundo Merton Fiur, uma tendência que afetará o futuro dessa área é exatamente sua conexão com o marketing, que, já se tendo tornado uma ciência mais precisa, pode, em contrapartida, subsidiá-la, por exemplo, com os instrumentos e as metodologias de pesquisa de mercado.[53] O fato é que, diante da nova realidade do mercado, a área de relações públicas tem de entrar definitivamente em afinidade com a de marketing, posicionando-se assim não só como um valor social e político, mas também, de forma mais visível, como um valor "econômico" para as organizações.

1. Marketing

No decorrer deste trabalho, já enfatizamos de diversas formas o verdadeiro conceito de relações públicas. E o de marketing?

Ninguém melhor do que Philip Kotler, autor clássico dessa área, para defini-lo.

Marketing é um processo social e administrativo pelo qual indivíduos e grupos obtêm o que necessitam e o que desejam através da criação e troca de produtos e valor com outras pessoas. Esta definição apóia-se nos seguintes conceitos: necessidades, desejos e demanda; produtos; utilidade, valor e satisfação, troca, transações e relacionamento; mercados, marketing e homens de marketing.[54]

Como se vê, é um conceito amplo que envolve um processo complexo de relacionamento entre uma organização e o mercado. É uma visão moderna, com ênfase na satisfação do cliente e não apenas na mera preocupação com a venda do produto. Segundo Kotler "o marketing evoluiu de suas antigas origens de distribuição e vendas para uma filosofia abrangente de como relacionar dinamicamente qualquer organização ao seu mercado".[55]

Kotler enfatiza o papel reservado às relações públicas no processo mercadológico das organizações, mediante atividades específicas como as de imprensa, divulgação do produto, organização de eventos etc.[56] Para nós, elas, além dessas tarefas, podem auxiliar na administração de conflitos, nos serviços de atendimento ao consumidor e no gerenciamento da comunicação com os diferentes públicos do marketing e a sociedade em geral.

2. Comunicação de Marketing

No marketing moderno, a comunicação assume uma importância fundamental, passando a ser vista mais como um composto, envolvendo propaganda, promoção de vendas, feiras e exposições, demonstração do produto, venda pessoal, merchandising etc. Este *mix* também é conhecido como "Comunicação Integrada de Marketing", terminologia apresentada por Schultz, Tannenbaum e Lauterborn.[57]

A inovação desses autores está no valor e na importância que dão à comunicação. Esta é considerada como o ponto crucial da sobrevivência das organizações, configurando-se como o único meio para conhecer o consumidor e se relacionar com ele. Prevêem que sua força aumentará muito no futuro, não se restringindo apenas a apoiar a tarefa de vendas, como normalmente acontece hoje. A ênfase na comunicação foi acentuada ao ponto de eles terem proposto uma nova teoria, de substituição dos tão consagrados 4 pês do pelos 4 cês do marketing, o que, em síntese, pode ser assim apresentado:

4 pês do marketing	4 cês do marketing
Produto	Cliente
Preço	Custo possível
Ponto	Conveniência
Promoção	**Comunicação**

Tudo isso pode parecer modismo, mas a preocupação é demonstrar que a Comunicação Integrada de Marketing é uma nova maneira de olhar o todo, usando adequadamente o *mix* da comunicação, e conhecer melhor o público, por meio de banco de dados, não se limitando, portanto, à mídia de massa. O grande valor de uma organização e seu produto ou serviço é a diferença e a credibilidade gravada na mente do consumidor.

Em um mercado de paridades, a única característica diferenciadora que uma empresa pode oferecer aos consumidores é o que esses consumidores acreditam a propósito da empresa, do produto ou serviço e o relacionamento deles, consumidores, com a marca. O único lugar onde existe o valor real do produto ou da marca é dentro da mente dos clientes ativos e potenciais. Todas as outras variáveis de marketing, tais como projeto de produto, formação de preços, distribuição e disponibilidade, podem ser copiadas, duplicadas ou superadas pelos concorrentes. O valor do marketing reside de fato na rede mental do consumidor. Isto é o que o povo acredita, não o que é verdadeiro. Isto é o que o povo quer, não o que está disponível; aquilo que o povo sonha, não o que ele sabe que realmente diferencia um produto de outro em um mercado de paridade. Eis por que, disso damos fé, as comunicações estão se transformando rapidamente na principal força do marketing de hoje e com certeza do amanhã.[58]

3. Relações Públicas de Marketing

Muitos autores[59] usam a expressão relações públicas de marketing, elencando, nesse contexto, uma série de ações possíveis fora dos canais comuns da promoção e da propaganda. As mais destacadas são: relações com a mídia, lançamentos de produtos, abertura de novos mercados, comunicações corporativas, administração de conflitos, serviço de atendimento ao consumidor, construção de conceito institucional que se projete favoravelmente sobre novos produtos, reposicionamento de produtos já existentes, patrocínios, campanhas de interesse público etc.

Corrado afirma:

No ambiente hostil de hoje, em que os consumidores se escondem (...) "da chuva comercial das mensagens de propaganda", a demanda para alcançar públicos-chave concede ainda maior valor ao pessoal de relações públicas. [Estas] podem causar impacto de várias maneiras. Estabelecem credibilidade e reconhecimento francos para a propaganda e a promoção. Fortalecem a percepção da empresa e de seus produtos, enquanto ampliam o alcance (...) do marketing. Podem também proporcionar ao esforço de marketing um auxílio de baixo custo e alto retorno.[60]

Nesse sentido, a área de relações públicas pode colaborar para que a organização, por meio de sua comunicação, fundamentada nos fatos e no comportamento institucional, crie na mente do consumidor a confiança e cultive a credibilidade em relação aos seus produtos e serviços.

Kotler chegou a criar o termo *megamarketing,* uma nova estratégia utilizada para o acesso a mercados difíceis. Segundo ele:

> O megamarketing é a aplicação, estrategicamente coordenada, de habilidades econômicas, psicológicas, políticas e de relações públicas para conquistar a cooperação de múltiplos grupos, com o objetivo de entrar e operar em determinado mercado.[61]

Eis aí um novo desafio para a atuação de relações públicas em conexão com o marketing.

4. Relações Públicas *versus* Marketing

Como se correlacionam e se distinguem relações públicas e marketing? Resumidamente, poderíamos dizer que as primeiras põem a ênfase no aspecto institucional e o segundo, no aspecto mercadológico de uma organização. O que há de ressaltar é que as duas áreas trabalham para que a organização cumpra sua missão e alcance os objetivos propostos, embora com conceitos, enfoques, instrumentos e técnicas diferentes, mas seguindo o mesmo processo metodológico de planejamento.

Harris, no livro já citado, inteiramente voltado para essa temática, faz uma referência a um artigo publicado por Philip Kotler e William Mindak, sobre "marketing e relações públicas".[62] Ali os dois autores perguntavam: onde termina o marketing e onde começam as relações públicas, e vice-versa? "Ambos fazem suas análises e seus planejamentos tendo por base a satisfação de grupos externos."

Nesse contexto, analisando cinco modelos existentes de relacionamento entre as duas áreas, optam por aquele em que ambas: exercem a mesma função; pautam-se por conceitos e metodologias iguais; trabalham em função de públicos e mercados; reconhecem a importância de atitudes, percepções e imagens do mercado para a formulação de programas. Essa visão, apesar de contemplada por Harris em 1991, já data de 1978 e, a nosso ver, está completamente defasada.

Pensam de forma diferente Ehling, White e Grunig,[63] que procuram deixar claras as diferenças existentes entre relações públicas e marketing sob os aspectos organizacional, operacional, teórico e prático.

Para eles, as relações públicas trabalham com questões que podem ter impacto direto na venda de produtos ou serviços. Há problemas que exigem respostas imediatas com ações estratégicas. São aqueles que acontecem no ambiente social das organizações, como problemas éticos, de proteção à saúde, preservação ambiental, consumição exacerbada, responsabilidade pública etc. Tudo isso deve ser tratado por relações públicas, às quais cabe administrar conflitos e pensar em como traçar estratégias para a eficácia da comunicação entre a organização e seus públicos. Enquanto isso, o marketing procura satisfazer clientes/consumidores, baseando-se em modelos de comunicação assimétricos para persuadir o público-alvo.

Para esses autores, as relações públicas também têm a tarefa de minimizar os efeitos nocivos do consumerismo[64] promovido pelo marketing. O cliente vê a organização interessada nele, mas não é conhecido pela organização, à qual debita um descaso para com sua pessoa e o mundo em que vive.

Merton Fiur compara desta forma as atividades de marketing e de relações públicas:

- Marketing tem por alvo os consumidores e seus perfis psicográficos e demográficos. Relações públicas voltam-se para públicos múltiplos e suas relações, assim como os fatores ambientais que influenciam suas características e interações.

- Marketing procura impactos marcantes. Relações públicas têm a credibilidade como sua meta principal.

- Marketing concentra-se em atingir e estabelecer uma posição fixa em um segmento de mercado. Relações públicas preocupam-se em manter uma identidade corporativa consistente e verdadeira em todos os lugares.

- Marketing segue um padrão relativamente rígido em suas comunicações. As comunicações de relações públicas são extremamente flexíveis, em função das circunstâncias.[65]

Na verdade, as relações públicas têm de ver a organização como um todo e seu conceito diante de seus públicos e da opinião pública.

A organização não poderá deixar a critério do mercado o desenvolvimento de seu conceito; ela terá de assumir a administração do mesmo, através de uma visão macro, integrada e estratégica.[66]

5. Relações Públicas Não É uma Função de Marketing

Resumindo o capítulo sobre "Relações públicas e práticas de marketing", Ehling, White e Grunig dizem, com muita concisão:

Relações públicas e marketing são ambos funções essenciais para uma organização moderna. Gerentes de marketing identificam mercados para os produtos e serviços da organização. E então supervisionam programas de comunicação mercadológica para criar e sustentar uma demanda pelos produtos e serviços. Gerentes de relações públicas, em contraste, supervisionam programas de comunicação com públicos – grupos de pessoas que se auto-organizam quando uma organização os afeta ou eles a afetam. Os mercados limitam-se ao segmento de consumidores de um ambiente organizacional. Os públicos podem despontar dentro de muitas categorias estratégicas – como empregados, comunidades, acionistas, governos, membros, estudantes, fornecedores, doadores, assim como consumidores. (...) Marketing e relações públicas servem a diferentes funções. As relações públicas não podem ser excelentes se subjugadas à função de marketing. Quando uma organização faz das relações públicas uma função de marketing, os profissionais são reduzidos ao papel técnico[67] e a organização perde um mecanismo valioso para sua interdependência com seus públicos estratégicos.[68]

É preciso que se volte a ver as "relações públicas como arma de marketing",[69] em vez de o marketing pretender-se uma arma de relações públicas.

VI. CANAL LIVRE ENTRE A ORGANIZAÇÃO E OS COLABORADORES

A comunicação interna deve viabilizar uma interação efetiva entre a organização e seus empregados, usando ferramentas da comunicação institucional e até da comunicação mercadológica (endomarketing e marketing interno). Evidentemente, na medida em que ela fizer parte do conjunto de uma comunicação integrada, com políticas globais estabelecidas, estratégias delineadas e programas de ação voltados prioritariamente para todo o pessoal interno, fatalmente tenderá a ser muito mais eficiente e eficaz. Ela será fruto de um trabalho pensado, organizado e constantemente avaliado, não ocorrendo simplesmente de forma casuística na vida da organização.

Um bom conceito de comunicação interna é, por exemplo, o da Rhodia, para quem ela se constitui em uma ferramenta estratégica para compatibilizar os interesses dos colaboradores e da empresa, mediante o estímulo ao diálogo, à troca de informações e experiências e à participação de todos os níveis.

A primeira constatação que podemos fazer é a necessidade de se considerar o setor de comunicação interna como uma área vital, integrada ao conjunto de políticas, estratégias e objetivos funcionais da organização. É preciso haver total assimilação da idéia por parte da cúpula diretiva, dos profissionais responsáveis pela implantação e dos agentes internos envolvidos. Caso contrário, os programas a serem levados a efeito correrão o risco de ser parciais e paliativos.

1. A Importância da Comunicação Interna[70]

A comunicação interna deve contribuir para o exercício da cidadania e para a valorização do homem. Quantos valores poderão ser descobertos e acentuados mediante uma atividade comunicacional participativa! A oportunidade de se manifestar e de se comunicar livremente canalizará energias para fins construtivos, tanto do ponto de vista pessoal quanto profissional. Se considerarmos que a pessoa passa a maior parte do seu dia dentro da organização, as razões são muitas para que o ambiente de trabalho seja o mais agradável possível. E um serviço de comunicação tem muito a ver com isso, uma vez que, agilizando o processo comunicativo, promove a integração entre os diferentes setores.

Os investimentos a serem feitos só trarão benefícios para a organização. O público interno é um público multiplicador. Em sua família e em seu convívio profissional e social, o colaborador será um porta-voz da organização, de forma positiva ou negativa. Tudo dependerá de seu engajamento na empresa, da credibilidade que esta desperta nele e da confiança que ele tem em seus produtos ou serviços. A comunicação interna permitirá que ele seja bem informado e que a organização antecipe respostas para suas expectativas. Isso ajudará a administrar conflitos e a buscar soluções preventivas.

2. Novas Exigências e Novas Práticas

A comunicação interna não pode ser algo isolado do composto da comunicação integrada e do conjunto das demais atividades da organização. Sua eficácia dependerá de um trabalho de equipe entre as áreas de comunicação e de recursos humanos, a diretoria e todos os empregados envolvidos. Ela dependerá fundamentalmente de um planejamento adequado e consistente, que, por sua vez, tem de buscar subsídios nas informações obtidas com a realização do planejamento estratégico, a fim de que os programas a serem desenvolvidos correspondam às demandas do ambiente. "O planejamento de uma política de comunicação interna deve integrar, de fato, as ações dos vários departamentos."[71]

As políticas e as estratégias têm de ser definidas e transparentes, abandonando-se a "política do avestruz". Isso significa manter um diálogo aberto entre a direção e os empregados e propiciar a existência de canais de comunicação livres e eficientes. Em muitas empresas brasileiras, os antigos *house organs* estão sendo substituídos por jornais realistas, nos quas o trabalhador tem espaço para reivindicações e até mesmo para assuntos menos "agradáveis", como, por exemplo, greves e acidentes de trabalho.

> Temos, ainda, uma outra questão problemática (...): a busca da verdade. (...) O exercício da crítica (...) é muitas vezes importante e até necessário para "sacudir" a empresa (...). Não queremos, por exemplo, que nossas publicações internas reflitam o paraíso que talvez não exista. Não queremos veículos que proclamem "tudo funciona às mil maravilhas" ou anunciem "a empresa não tem problemas". A comunicação interna deve apontar os sucessos, valorizar os aspectos positivos, reconhecer os esforços individuais e coletivos. Com isso, a empresa pretende aumentar a coesão (...), a solidariedade, a competência, a eficiência.

Trata-se aqui de usar "o paradigma da transparência".[72]

A qualidade da comunicação interna passa pela disposição da direção em abrir as informações; pela autenticidade, usando-se a verdade como princípio; pelo respeito às diferenças individuais; pela implantação de uma gestão participativa, capaz de propiciar oportunidade para mudanças culturais necessárias; pela utilização de novas tecnologias; e por um gerenciamento feito por pessoas especializadas e competentes, que ensejem efetivamente uma comunicação simétrica de duas mãos em benefício da organização e de seus colaboradores.

REFERÊNCIAS BIBLIOGRÁFICAS E NOTAS EXPLICATIVAS

1. MEGALE, J. F. *Introdução às ciências sociais*: roteiro de estudo, p. 85.
2. BERNAYS, Edward L. *Los años últimos*: radiografía de las relaciones públicas – 1956-1986, p.40.
3. BOTAN, Carl H. e HAZLETON Jr., Vincent. *Public realtions theory*.
4. BOTAN, Carl H. e HAZLETON Jr., Vincent. "The role of theory in public relations." *In: Public relations theory*, p. 13.
5. *Ibidem*.
6. BOTAN, Carl. "Theory developement in public relations." *Op. cit.*, pp. 99-110.
7. *Ibidem*, p. 100.
8. *Ibidem*.
9. GRUNIG, James E. "Symmetrical presuppositions as a framework for public relations theory." *In:* BOTAN, Carl e HAZLETON Jr., Vincent. *Op. cit.*, p. 22.
10. *Ibidem.*, pp. 19-20.
11. KUHN, Thomas. *A estrutura das revoluções científicas*.
12. CAPOZOLI, Ulisses. "Morre Kuhn, o filósofo que reformulou a ciência." *In: O Estado de S. Paulo*, 29.06.1996, p. A-18.
13. Cf. KUHN, Thomas. *Op. cit.*, pp. 219-232.
14. Cf. HALIIDAY, Tereza Lúcia. "Paradigmas de pesquisa e metodologia." *In: Anais do I Simpósio Norte-Nordeste de Pesquisa em Comunicação*. Recife, Intercom e Curso de Mestrado em Administração Rural e Comunicação Rural da Universidade Federal de Pernambuco, 18-20 de maio de 1988, [s.p.].
15. IANNI, Octavio. *Teorias da globalização*, p. 191.
16. LINDEBORG, R. "Excellent communication." *In:* revista *Public Relations Quarterly*, p. 6. Legenda da foto de Grunig.
17. GRUNIG, James E., HUNT, Todd. *Managing public relations*. HUNT, Todd e GRUNIG, James E. *Public relations techniques*.
18. LINDEBORG, R. *Op. cit.*, pp. 6-7.
19. GRUNIG, James E. *et alii*. *Excellence in public relations and communication management*.
20. GRUNIG, James E. *et alii*. *Excellence in public relations and communication management*.
21. GRUNIG, James E., GRUNIG, Larissa A. "Models of public relations and communication." *In:* GRUNIG, James E. *et alii*. *Op. cit.*, pp. 287-289.
22. *Ibidem*, p. 290.
23. LINDEBORG, R. *Op. cit.*, p. 5.

24. *Ibidem*, p. 7.
25. *Ibidem*, p. 9.
26. LINDEBORG, R. *Op. cit.*, p. 8.
27. *Ibidem*, pp. 10-11.
28. *Ibidem*, p. 6.
29. GRUNIG, James E., GRUNIG, Larissa. *Op. cit.*, p. 285.
30. LINDEBORG, R. *Op. cit.*, p. 5.
31. Este assunto já foi comentado no Capítulo 1. Em 1985, nossa dissertação de mestrado, depois transformada em livro (hoje na 3ª edição), versou exatamente sobre o *Planejamento de relações públicas na comunicação integrada*. Em 1991, nossa tese de doutorado, também publicada (*Universidade e comunicação na edificação da sociedade*), abordou a importância de um serviço de comunicação integrada na universidade para difundir de forma eficaz a sua produção científica.
32. NASSAR, Paulo e FIGUEIREDO, Rubens. *Comunicação empresarial*, p. 19. Paulo Nassar é o atual secretário executivo da Aberje, entidade que, no ano passado, conforme já mencionado no Capítulo 2, se "traiu" (ou prenunciava o incremento de uma tendência?) ao utilizar o termo *comunicação organizacional*. Cf. boletim *Ação*, da Aberje, 20 de dezembro de 1996.
33. GASPAR, Agostinho. Apud LEITE, Roberto. "Comunicação total." *In:* revista *Imprensa*, ano IX, nº 106, jul. de 1996, p. 72.
34. KUNSCH, Margarida M. Krohling. *Universidade e comunicação na edificação da sociedade*, pp. 83-128. *Planejamento de relações públicas na comunicação integrada*, pp. 87-88; pp. 119-123.
35. JORGE, Miguel. "Os desafios da comunicação." *In:* DINES, Alberto e MALIN, Mauro (orgs.). *Jornalismo brasileiro*: no caminho das transformações. Brasília, Banco do Brasil e Laboratório de Estudos Avançados em Jornalismo (Labjor), da Universidade Estadual de Campinas, 1996, p. 166.
36. JORGE, Miguel. *Op. cit.*, p. 66.
37. Cf. Decreto 2004, na edição de 12 de setembro de 1996 do *Diário Oficial da União*.
38. HERMOSA, J. del Castillo *et alii*. *La empresa ante los medios de comunicación*, p. 23.
39. A Aberje centralizou seu último Meeting (25 de novembro de 1996) em torno do tema "A comunicação orientada para resultados", tendo os debates suscitados revelado "a existência de uma comunicação empresarial de ponta e em dia com a modernidade" ("Sinal dos tempos". *In:* revista *Comunicação Empresarial*, nº 21, 4º trimestre de 1996, p. 14). A Aberp está editando o livro *Obtendo resultados com relações públicas*, por nós organizado.
40. GRUNIG, James E., HUNT, Todd. *Managing public relations*, p. 8.
41. HUNT, Todd e GRUNIG James E. *Public relations techniques*, pp. 5-7.
42. Cf. HUNT e GRUNIG. *Op. cit.*, pp. 13-14; p. 12.
43. Apud SIMÕES, Roberto Porto. *relações públicas*: função política, pp.131-133.
44. Quanto à classificação dos públicos, pode-se consultar também, por exemplo: GRUNIG, James E. e HUNT, Todd. *Managing public relations*, pp. 284-331; e SEITEL, Fraser P. *The practice of public relations*, pp. 9-11.

45. Vide nossas obras: *Planejamento de relações públicas na comunicação integrada* (1986; 3ª edição em 1995) e *Universidade e comunicação na edificação da sociedade* (1992).
46. IANHEZ, J. Alberto. "relações públicas e as organizações no ano 2000." *In:* revista *Mercado Global*, ano XXI, nº 96, 4º trimestre de 1994, pp. 12-14.
47. FIUR, Merton. "Public relations faces the 21st century." *In:* HIEBERT, R. Eldon (edited by). *Precision public relations*, p. 339.
48. CORRADO, Frank M. *A força da comunicação*: quem não se comunica..., p. 32.
49. Depoimentos de Vera Giangrande e Agostinho Gaspar sobre os requisitos básicos dos profissionais de relações públicas, durante seminário sobre A Cultura Brasileira de Propaganda e Relações Públicas, promovido pela *Revista de Comunicação. In: Revista de Comunicação*, ano 10, nº 36, maio de 1994, p. 28.
50. IANHEZ, João Alberto. "relações públicas como ferramenta de administração." *In:* revista *Mercado Global*, 1994, p. 10.
51. Apud CORRADO, Frank. *A força da comunicação*, p. 106.
52. NASSAR, Paulo. "Muito além do marketing." *In: Diário Comércio & Indústria*, 16 de janeiro de 1997.
53. FIUR, Merton. "Public relations faces the 21st century." *In:* HIEBERT, R. Eldon (org.). *Precision public relations*, p. 337.
54. *IIbidem*, p. 32.
55. Idem. *Marketing*, p. 29.
56. KOTLER, Philip. *Administração de marketing*: análise, planejamento, implemento e controle, pp. 709-739.
57. SCHULTZ, Don E. *et alii. O novo paradigma do marketing*: como obter resultados mensuráveis através do uso do database e das comunicações integradas de marketing.
58. *Ibidem*, p. 49.
59. Por exemplo: KOTLER, Philip. *Op. cit.*, pp. 733-738; HARRIS, Thomas. *The marketer's guide to public relations*; e CORRADO, Frank. *Op. cit.*, pp. 94-109.
60. CORRADO, Frank. *Op. cit.*, p. 95. Corrado baseia-se, nessa passagem, em NEIDER-QUELL, Michael. "Integrating the strategic benefits of public relations into the marketing mix." *In:* revista *Public Relations Querterly*, primavera de 1991, pp. 23-24.
61. Apud HARRIS, Thomas. *Op. cit.*, p. 41.
62. Apud HARRIS, Thomas. *Op. cit.*, pp. 41-42.
63. EHLING, William, WHITE, John e GRUNIG, James E. "Public relations and marketing practices." *In:* GRUNIG, James E. *Excellence in public relations and communication management*, pp. 357-393. Cf. também: HUNT, Todd e GRUNIG, James E. "Marketing communication." *In: Public relations techniques*, pp. 361-387.
64. Consumerismo foi o nome que se deu ao movimento percebido em fins da década de 1960, nos Estados Unidos, quando uma parcela significativa de consumidores reagiu, de forma decisiva, contra os abusos praticados por certas empresas que utilizaram algumas técnicas de marketing para satisfazer suas necessidades, rotuladas como 'necessidades dos consumidores'." GIACOMINI FILHO, Gino. *Consumidor* versus *propaganda*. São Paulo, Summus, 1991, p. 18.

65. FIUR, Merton. *Op. cit.*, pp. 342-343.
66. IANHEZ, João A. "relações públicas e as organizações no ano 2000." *In:* revista *Mercado global*, p. 2.
67. Os autores fazem distinção entre o papel *técnico* e o papel *gerenciador* do profissional de relações públicas. A maioria destes exerce uma *função técnica*. Mas um programa de relações públicas, para ser eficiente, precisa ser *gerenciado estrategicamente*. Cf. *Public relations tecniques*, pp. 3-4.
68. EHLING, William, WHITE, John e GRUNIG, James E. *Op. cit.*, p. 357.
69. Conceito cunhado por Nemércio Nogueira em sua obra *Opinião pública e democracia*: desafios à empresa, pp. 117-134. O autor abre o capítulo citando Theodore Levitt: "Se a própria abundância da propaganda cria um alto índice de ceticismo junto ao consumidor, então relações públicas tem um mérito muito especial: a maior credibilidade de sua mensagem."
70. Vide, a propósito, nosso artigo "Comunicação e cidadania." *In:* revista *Comunicação Empresarial*, ano 4, nº 13, 3º trimestre de 1994, pp. 10-12.
71. JORGE, Miguel. *Op. cit.*, p. 166.
72. *Ibidem*, p. 168.

Capítulo 5

RELAÇÕES PÚBLICAS E COMUNICAÇÃO ORGANIZACIONAL: NO CAMINHO DA MODERNIDADE

A globalização está alterando completamente os comportamentos e funciona como um novo paradigma para entender o mundo de hoje. Quando se fala desse fenômeno, há uma tendência natural de considerá-lo apenas no campo econômico, vinculando-o à redução de barreiras no comércio internacional, com a liberalização do mercado, o que é um equívoco. Ele deve ser compreendido como algo muito mais amplo e abrangente, envolvendo também aspectos ligados à redução do Estado-nação e às novas tecnologias da informação e da comunicação, entre tantos outros.

Segundo Octávio Ianni o Estado-nação, que antes "se definia pela soberania, real ou almejada, ampla ou limitada (...), pouco a pouco, ou de repente, transforma-se em província da sociedade global".[1] Este novo quadro altera as relações internacionais, exigindo formas de comunicação movidas pelas novas tecnologias que impulsionam e permitem operacionalizar as grandes redes de computadores, a multimídia e a telemática.

Dentro desse processo, as organizações privadas exercem um papel preponderante. Segundo Armando Mattelart:

> Não somente a empresa se converteu em um ator social de pleno direito, exprimindo-se cada vez mais em público e agindo politicamente sobre o conjunto dos problemas da sociedade, mas, também, suas regras de funcionamento, sua escala de valores e suas maneiras de comunicar foram, progressivamente, impregnando todo o corpo social. A lógica "gerencial" instituiu-se como norma de gestão das relações sociais. Estado, coletividades territoriais e associações foram penetrados pelos esquemas de comunicação já experimentados por esse protagonista do mercado. A carteira das ofertas de serviços de comunicação profissional enriqueceu-se com novos clientes e novas competências. E a própria definição de comunicação ganhou um novo segmento de problemáticas.[2]

I. O QUE É MODERNIDADE?

Se recorrermos à literatura das ciências humanas, sociais, políticas, econômicas e da comunicação, descobriremos volumosa bibliografia sobre a modernidade. Cientistas dessas áreas do conhecimento abordam esse tema à luz de seus estudos especializados e de suas convicções. No dizer de Nelson Mello e Souza, chega-se a constituir uma verdadeira babel conceitual.[3]

Para efeito desta obra, pretendemos concentrar-nos apenas em alguns aspectos principais que caracterizam a modernidade no contexto do sistema social global e das organizações e, por extensão, das relações públicas. Afinal, como detectá-la na sociedade de hoje, no âmbito de uma nação, de uma organização e da individualidade humana?

Etimologicamente, a palavra vem do termo latino *hodiernus* – "dos nossos dias, recente, atual, hodierno". Portanto, segundo Cristóvam Buarque:

> Ela significa atualidade: o que é de hoje. Representa uma ânsia e uma inevitabilidade. A opção não estaria em ser ou não ser moderno, mas em o que é ser moderno (qual o retrato do futuro desejado pela sociedade) e em como ser moderno (quais as intenções, prioridades, medidas e instrumentos a serem usados na construção desse futuro.[4]

Sob esse ângulo, podemos também analisar outro aspecto, que é a oposição entre tradição e modernidade. Ou, melhor, a modernidade pode de certa forma dar atualidade à tradição, mesclando o velho com o novo e fazendo surgir as "culturas híbridas", no dizer de Néstor García Canclini.[5]

A modernidade, de acordo com Mello e Souza, caracteriza o surgimento histórico de uma nova cultura, em decorrência do industrialismo de massas.

> A nova cultura é cética, portanto tolerante para com o sincretismo religioso eventualmente existente, industrial-urbana, aberta em sua estratificação social e difícil de ritualizar-se, devido à velocidade das transformações, que não permitem cristalizações de costumes e de crenças.[6]

No centro de tudo isso podemos enxergar uma sociedade complexa e dialética, impregnada por essa "nova cultura" (da informática, da rapidez, da simplificação das coisas), que provoca mudanças no nível macro (sistema social global), no nível micro (organizações) e no homem[7] individual.

II. PERFIL DA SOCIEDADE CONTEMPORÂNEA

A sociedade é muito complexa. Ela é resultante das ações recíprocas dos homens; é o lugar do heterogêneo, do diverso. A diversidade é algo que está inserido na sociedade. Os homens fazem a história, mas não como eles a querem; estão sempre presos aos processos de herança, do passado e do presente da sociedade em que vivem. E a sociedade moderna reflete esse conjunto de ações humanas que, ao mesmo tempo, age e reage a favor ou contra. É a dialética da modernidade.[8]

Por que será que vivemos em uma década tão conturbada e marcada por tantas mudanças mundiais em todos os campos – econômico, político, social, cultural, tecnológico, ecológico, religioso etc.?

1. Um Novo Jogo

Chamamos a atenção para o depoimento de dois cientistas políticos da Universidade de São Paulo, Oliveiros Ferreira e Leonel Itaussu, em um seminário promovido por ocasião dos 25 anos da Escola de Comunicações e Artes, em 1991.

> Se cronologicamente nós nos situamos no final do século XX, gostaria de recordar que historicamente já é relativamente consensual entre cientistas sociais que este é um século curto, no sentido de que se inicia tardiamente. Em 1914, a conflagração militar da Primeira Grande Guerra coloca abaixo e encerra o sistema internacional, organizado em 1814 pelo Congresso de Viena, baseado na idéia de poder, de equilíbrio de forças. Portanto, o século XIX termina a rigor em 1914 e nesse ano começa tardiamente o século XX. Um século que, segundo alguns historiadores, vai terminar prematuramente em 1989, com a queda do Muro de Berlim... Então, a rigor, se cronologicamente nos encontramos ainda no final do século XX, talvez lógica e historicamente nós já sejamos contemporâneos do terceiro milênio.[9]

Com a queda do Muro de Berlim em novembro de 1989, ficou marcado o fim da velha rivalidade entre o capitalismo e o comunismo e se iniciou uma nova realidade – uma confrontação econômica, um novo jogo entre Estados Unidos, Japão e Comunidade Econômica Européia.

A quem pertencerá o século XXI? De acordo com Lester Thurow, autor do livro *Cabeça a cabeça: a batalha econômica entre Japão, Europa e América do Norte*, a competição econômica entre o comunismo e o capitalismo terminou. Agora está se processando um novo tipo de concorrência entre as distintas versões do capitalismo. Usando uma distinção feita por George Lodge, professor da Universidade de Harvard e autor de *Perestroika para os Estados Unidos*, Thurow acredita que a forma individualista do capitalismo norte-americano irá defrontar-se com a forma comunitária do capitalismo da Alemanha e do Japão.

A América do Norte e a Inglaterra são partidárias da promoção de valores individualistas, como destacar a imagem do executivo bem-sucedido, valorizar os ganhadores do Prêmio Nobel, defender como positiva a existência de grandes diferenças nos salários, afirmar que cada indivíduo é responsável por sua capacitação profissional, aumentar os próprios lucros etc.

Em contraste, a Alemanha e o Japão defendem valores comunitários, como os grupos de negócios, a responsabilidade que a sociedade tem quanto à capacitação profissional, o trabalho de equipe, a lealdade para com a companhia na qual se trabalha, as estratégias empresariais e as políticas que tendem a incentivar o crescimento.

A Grã-Bretanha, acima de qualquer outro objetivo, quer maximizar seus ganhos, enquanto os japoneses trabalham em busca de conquistas estratégicas, tendo mais interesse na participação de mercado do que pura e simplesmente nos benefícios individuais ou na ganância exagerada pelos lucros.[10]

2. Globalização da Modernidade

Em face de tudo isso, desenha-se uma Nova Ordem Internacional. Vivemos a era da globalização da economia, do livre-mercado e da competitividade mundial. O mundo transforma-se em megamercados: Mercado Comum Norte-Americano (Nafta – Estados Unidos, Canadá e México); Comunidade Econômica Européia (CEE – doze países); Japão e os "tigres asiáticos" (Coréia do Sul, Cingapura, Taiwan e Hong Kong); Mercado Comum dos Países do Cone Sul (Mercosul – Brasil, Argentina, Uruguai e Paraguai); Pacto Andino (Colômbia, Peru, Bolívia, Equador e Venezuela). Práticas comerciais nacional-protecionistas cedem à estratégia regionalista, que tem estimulado as trocas entre os países, reduzindo taxas de importação e facilitando o livre comércio.

Esse novo quadro reflete a globalização da modernidade, que, para Anthony Giddens:

(...) pode ser definida como a intensificação das relações sociais em escala mundial, que ligam localidades distantes de tal maneira que acontecimentos locais são modelados por eventos ocorrendo a muitas milhas de distância e vice-versa. Este é um processo dialético, porque tais acontecimentos locais podem se deslocar numa direção aversa às relações muito distanciadas que os modelam. A transformação local é tanto uma parte da globalização quando a extensão lateral das conexões sociais através do tempo e do espaço.[11]

Outros aspectos muito importantes a serem levados em consideração, no contexto dessa Nova Ordem Internacional, são a transformação da atividade fabril, com a substituição do operário convencional pela automação industrial, e os centros de inteligência que dominarão a produção no próximo milênio. O trabalhador do futuro terá de decodificar instruções e programar equipamentos digitalizados, acompanhando todo o processo produtivo e não se limitando a uma tarefa única repetitiva.[12] Os países terão de investir muito em tecnologia e pesquisa para preparar seus cidadãos. O mundo de amanhã pertence aos que estão cuidando da qualidade do ensino nas escolas e nas universidades.

É Luciano Coutinho quem nos chama a atenção para esse fato, alinhando prognósticos que nos dão conta de uma profunda mudança que isso acarretará para a sociedade.

Projeções da Organização Internacional do Trabalho (OIT), por exemplo, para o ano 2025, prevêem uma radical mudança no perfil da força de trabalho industrial, com sensível queda da presença dos operários convencionais. A participação do operário mecânico clássico irá reduzir-se dramaticamente, caindo de 45% para menos de 10% do total de empregados nas fábricas, enquanto a presença dos técnicos qualificados e dos engenheiros na produção crescerá de maneira extraordinária, passando a representar mais de 50% do emprego industrial. Isso significa uma mudança profunda nas formas de trabalho na sociedade do futuro e que permitirá, com o grande aumento da produtividade e com a flexibilidade dos novos sistemas de produção, que se reduza progressivamente a jornada de trabalho nas sociedades desenvolvidas.

Essa nova sociedade, com novo perfil de trabalhadores, exige e aponta para a ascensão cultural, intelectual e educacional da força de trabalho. Esta grande transformação tende a aprofundar a questão da democracia participativa, colocando-a em um grau muito mais profundo e abrangente. Nesse sentido, todas as perspectivas no que se refere às relações de classes, à distribuição de renda e da riqueza, à questão do socialismo *versus* sistema de propriedade privada dos meios de produção terão de ser repensadas. Na verdade, o avanço da automação industrial aprofundará o grau de socialização da produção de modo qualitativamente distinto do que prevaleceu no século XX. As questões sociais (...) serão recolocadas de maneira distinta no século XXI. Por exemplo, o conceito de luta de classes tende a transformar-se em algo muito mais complexo do que dicotomia simples e radical entre empresa e trabalhadores. As relações dentro da empresa irão transformar-se: a verticalização e a departamentalização excessivas devem ceder lugar a uma intensa comunicação horizontal. O "achatamento" das hierarquias autoritárias e piramidais deve abrir espaço à participação. O autocontrole dos processos industriais pelos trabalhadores ganhará expressão pela própria natureza dos novos processos industriais.

Tudo isso significa uma mudança substancial na organização das empresas. Será necessário que os sistemas de gestão respondam a essa necessidade técnica de maior participação do trabalho, em todos os níveis, e da cooperação com os fornecedores através de sistemas participativos novos, ainda não experimentados.[13]

III. MODERNIDADE E COMUNICAÇÃO

Nessa conjuntura, a comunicação será a mola propulsora que permitirá viabilizar todo esse processo de mudanças, assumindo uma importância fundamental na globalização da modernidade.

Graças a todo um aparato tecnológico que, superando as fronteiras continentais, propicia maior acesso às informações e a fruição efetiva de seus benefícios, ela deverá exercer um papel fundamental, sobretudo no estabelecimento de políticas e estratégias capazes de administrar os conflitos sociais que poderão surgir com a transformação econômica.

As tecnologias geradas pela eletrônica e pela informática estão revolucionando definitivamente as comunicações. Os exemplos evidenciam-se nas transmissões por satélites; nas indústrias culturais; na multimídia; na televisão interativa, por cabo e de alta definição; na interação das telecomunicações com o jornal, o rádio, a televisão, o computador, o fac-símile, o cinema, a fotografia, a editoração etc.

1. Técnica e Ética da Comunicação

O avanço sem igual, impactante, por que passam todos esses meios impele a sociedade a um novo tipo de comportamento e, conseqüentemente, a um novo processo social, base para o perfil da empresa de comunicação do futuro, que exigirá novas posturas dos agentes envolvidos.

As transformações nesse campo apontam para uma série de aspectos relacionados com a ética na formação de profissionais, no cumprimento da legislação e dos códigos em vigor, bem como na transmissão dos valores culturais e morais que formam os alicerces da vida social e das filosofias e políticas de comunicação.

No Brasil, o setor é respaldado, institucionalmente, por leis específicas e por códigos de ética capazes de assegurar os direitos e os deveres do cidadão e de nortear o comportamento dos profissionais e dos veículos de comunicação.

2. Redefinindo o Papel do Comunicador

O debate sobre a tecnologia e a ética da comunicação leva-nos a uma questão mais profunda, que é a redefinição do papel dos comunicadores nesse contexto da informação contemporânea, no qual as fronteiras sociais são muito contrastantes. Como a mídia impressa e eletrônica deveria enfocar, por exemplo, a luta contra a miséria, a exclusão de grandes segmentos de uma vida social digna, o extermínio de pessoas e de grupos, a integridade e a coerência entre o que dizem e praticam as pessoas? Enfim, como os meios de comunicação estão se posicionando frente à ética do discurso e à ética da ação? As técnicas determinam o que o homem deve fazer. A ética lhe diz como e dentro de que parâmetros deve agir.

Toda essa modernidade tecnológica, em sua interação com os meios de comunicação de massa, faz-nos refletir sobre o que Cristóvam Buarque, em seu livro já mencionado, sugere como intenções da modernidade ética: um país sem fome; todas as crianças na escola e sociedade culta; população com saúde; Estado eficiente e sem corrupção; instituições democráticas; sociedade sem violência; todos com habitação, saneamento e serviços básicos; meio ambiente protegido; infra-estrutura eficiente; nação aberta.[14]

Há, portanto, uma dicotomia entre a modernidade técnica e a modernidade ética. Basta olhar para a tecnologia de ponta do Brasil e para seu parque industrial avançado (modernidade técnica). Por outro lado, deparamo-nos com uma crescente desigualdade social e uma concentração de renda, que conseqüentemente tem causado a apartação social (modernidade ética).

Outros fatos que acontecem no mundo contemporâneo evidenciam esse paradoxo. O que está ocorrendo em Ruanda, na Somália, no Curdistão, em Cuba? Por que os países ricos e as Nações Unidas não assumem uma posição efetiva para resolver os problemas cruciais da população desses países? Por que não lhes propiciam a oportunidade de se modernizarem?

A modernidade não está presente em todo o mundo. "Ela tem formas diferentes, de acordo com as condições locais, a história de uma determinada cultura e o período em que foi introduzida."[15]

IV. RELAÇÕES PÚBLICAS NAS ORGANIZAÇÕES MODERNAS[16]

As organizações modernas assumem novas posturas na sociedade de hoje. A velocidade das mudanças que ocorrem em todos os campos impele a um novo comportamento institucional das organizações perante a opinião pública. Elas passam a se preocupar sempre mais com as relações sociais, com os acontecimentos políticos e com os fatos econômicos mundiais. E, nesse contexto, a atuação das relações públicas será fundamental, pois caberá a essa atividade a função de uma auditoria social. Isto é, terá de saber avaliar as reações da opinião pública para traçar as estratégias de comunicação.

Em síntese, isso siginifica que as organizações não podem se pautar por uma política de indiferença, fechando-se para o que ocorre no mundo. Muito pelo contrário. Elas têm de assumir posturas cada vez mais claras, definidas e precisas. E isto só é possível com a comunicação, que deve receber delas o espaço merecido em suas estruturas formais.

1. Gerenciando Conflitos

As mudanças que estão ocorrendo no mundo atingem, em nível macro, países, regiões e continentes e, conseqüentemente, em nível micro, as organizações em geral. Não há como fugir: todo o sistema social global influencia, direta e indiretamente, a vida das organizações, provocando novas posturas e novas reações.

141

A abertura política e democrática que paulatinamente vai tomando conta da maioria das nações ocasiona grandes mudanças comportamentais tanto dos trabalhadores quanto dos dirigentes. O operário sai da passividade conformista para uma consciência coletiva mais viva. As empresas não têm outra saída senão buscar novas formas de negociar e encontrar uma comunicação adequada para fazer frente à rapidez e eficiência da comunicação sindical veiculada diariamente nas portas de fábrica.

> Quase sempre, historicamente, as relações entre trabalhadores e empresários foram marcadas pelo conflito, o que prejudicava sensivelmente a comunicação (...). Os patrões eram vistos como exploradores e os sindicatos, como inimigos. Nos últimos anos, as relações entre empresas e sindicatos estão se tornando mais amadurecidas, muitíssimo menos esquizofrênicas e mais objetivas. Hoje, eles sentam-se à mesa para discutir temas antes impensáveis, como flexibilização da jornada de trabalho, participação nos resultados, aumento de produtividade e até dispensa de pessoal.[17]

Compatibilizar os interesses entre capital e trabalho é hoje um dos grandes desafios da empresa, sobretudo se levarmos em conta a realidade brasileira, na qual ainda encontramos setores empresariais e sindicais dominados por uma ortodoxia anticidadã e antinacional. É preciso sair do capitalismo individualista e corporativista e dirigir-se para um capitalismo comunitário.

Como a comunicação poderá ajudar nesse processo de mudanças de culturas e promover um diálogo construtivo? Qual o papel das relações públicas na administração dos conflitos entre a organização e seus públicos interno e externo?

Um papel essencial das relações públicas é administrar as relações de conflito entre a organização e seus públicos, por meio de uma *comunicação simétrica de duas mãos*, que busca o equilíbrio e a compreensão. Não se admite, nos tempos de hoje, que elas atuem apenas em prol dos interesses da organização. É preciso ouvir o outro lado, abrindo canais de comunicação com todos os segmentos.

2. Responsabilidade Social

Não se pode limitar o trabalho de relações públicas apenas a contar e divulgar as realizações de uma organização. Esta precisa ser conscientizada de sua responsabilidade para com a sociedade. Ela tem de se lembrar disso e cumprir seu papel social, não se isolando do contexto no qual se insere nem querendo usufruir a comunidade apenas para aumentar seus lucros excessivos. Segundo Childs:

> O ponto de partida para se estabelecer uma política de relações públicas é uma cuidadosa análise de nosso comportamento pessoal e empresarial à luz da

mudança social em geral. Sem o conhecimento das tendências básicas, econômicas, culturais e sociais de nossos dias, não podemos avaliar, e muito menos antecipar, as implicações públicas daquilo que estamos fazendo".[18]

As transformações por que passa o mundo forçam as organizações a assumir uma nova atitude com relação à sociedade. Para Peter Drucker, "o desempenho econômico é a primeira responsabilidade de uma empresa". E essa já é uma responsabilidade social, pois, sem um bom desempenho econômico, "ela não pode cumprir nenhuma outra responsabilidade, nem ser uma boa empregadora, uma boa cidadã, uma boa vizinha". Mas essa não é a única responsabilidade de uma empresa.

O poder econômico que ela adquire precisa ser sempre equilibrado, pois, caso contrário, este se transforma em tirania. Por isso, ela tem de se responsabilizar também pelo seu impacto sobre a sociedade. Ela tem a responsabilidade básica de achar uma abordagem a problemas sociais básicos que podem estar dentro de sua competência e até mesmo ser transformados em oportunidade para ela.[19]

A responsabilidade social pode ser definida como as obrigações da empresa para com a sociedade. Segundo Scanlan, "tais obrigações podem ser muito complexas e estão em debate contínuo atualmente. As obrigações podem ser: serviço comunitário e governamental, doações educacionais e filantrópicas ou controle ambiental".[20]

Surgem novas concepções das organizações utilitárias, que deixam de ser meras unidades econômicas para se tornarem acima de tudo unidades sociais, interessadas no aspecto coletivo em seus objetivos gerais e específicos. Ernesto Gonçalves, em um artigo, fala do "balanço social" como uma nova forma de gestão. A empresa tem duas realidades: uma econômica e outra humana, devendo ambas funcionar simultaneamente. Mais do que pelos estoques acumulados ou pelos lucros contabilizados, ela vale pelas pessoas que a integram. Por analogia com o balanço financeiro, propõe-se hoje um conjunto de instrumentos para avaliar objetiva e quantificadamente o seu desempenho social e também permitir a organização do processo de planejamento da atuação nesse mesmo campo.[21]

A empresa tem por obrigação colocar produtos de qualidade e com preços justos no mercado e pagar salários dignos. Segundo José Maria Dias:

A sociedade contemporânea está atribuindo à empresa uma responsabilidade social que transcende o objetivo exclusivista do lucro dos acionistas e vai além das responsabilidades legais que regem as atividades econômicas. Espera-se que a empresa reconheça na prática que o crescimento econômico é resultante da conjunção dos esforços de muitos, não apenas do capital.[22]

Um fator que tem contribuído para uma consciência social das empresas em relação aos produtos fabricados e à prestação de serviços foi o estabelecimento no Brasil do Código de Defesa do Consumidor. Aprovado pela Câmara dos Deputados em 26 de junho, pelo Senado em 9 de agosto e pelo presidente da República em 11 de setembro de 1990, sob a forma de lei (n° 8.078), ele foi implementado em março de 1991.[23] Esse instrumento, visto como um dos mais avançados do mundo, causou no começo uma reação e choques na cultura empresarial vigente.

Hunt e Grunig fazem uma distinção entre responsabilidade *social* e responsabilidade *pública*. Com base em Preston e Post, eles descrevem as relações entre as organizações e seus públicos como "sistemas de interpenetração". Por causa dessa interpenetração, as organizações devem ser responsáveis por seus públicos se quiserem ter um bom relacionamento com eles. Então, seria o caso de falar em responsabilidade pública, em vez de responsabilidade social. Este último é um termo genérico, que sugere que uma organização deve ser responsável pela sociedade. Mas "sociedade" é um termo vago, enquanto "públicos" podem ser mais facilmente reconhecidos: são grupos que a organização afeta. Assim, a organização responsável é aquela que é responsável pelas conseqüências sobre seus públicos, comunicando-se simetricamente com eles. Com isso, relações públicas e responsabilidade pública tornam-se expressões quase sinônimas. "Uma organização não pode praticar boas relações públicas se não for responsável por seus públicos: relações públicas é a prática da responsabilidade pública."[24]

V. UM DISCURSO REGIDO PELA INTEGRIDADE

Com a acentuada recessão econômica reinante no país em anos recentes, houve uma desintegração do princípio que deve nortear a vida das organizações e dos indivíduos. Por isso hoje se publicam tantos artigos que abordam a ética nos negócios, na televisão, na política etc.

A ética nos negócios não é algo isolado do comportamento pessoal e profissional. Ao contrário:

> [Ela] é o estudo da forma pela qual normas morais pessoais se aplicam às atividades e aos objetivos da empresa comercial. Não se trata de um padrão moral separado, mas do estudo de como o contexto dos negócios cria seus problemas próprios e exclusivos à pessoa moral que atua como um gerente desse sistema (...).[Ela] reflete os hábitos e as escolhas que os administradores fazem no que diz respeito às suas próprias atividades e às do restante da organização. Essas atividades e escolhas são alimentadas pelo sistema moral de valores pessoais próprios, mas este, com freqüência, sofre uma transformação em suas prioridades ou sensibilidades quando operado dentro de um contexto institucional de

severas restrições econômicas e pressões, assim como pela possibilidade de se adquirir poder.[25]

O debate sobre a ética na empresa tem merecido espaço para reflexões por parte da Fundação Instituto de Desenvolvimento Empresarial e Social (Fides). Essa entidade propõe-se colaborar com a comunidade econômica na definição e na formação do novo perfil dos dirigentes e dos executivos, por meio da realização de encontros e de publicações. O livro *A ética no mundo da empresa*, de Nelson Gomes Teixeira, aborda a temática na perspectiva de uma visão.[26]

Evidentemente, as empresas só contribuirão para o exercício da cidadania se observarem sua responsabilidade social, respeitando o consumidor como cidadão, por meio de um comportamento ético incontestável. Essa é uma visão moderna, em comparação com a ortodoxia de muitas organizações existentes no Brasil. Vale lembrar que temos veteranos e jovens que pensam dessa maneira, sobretudo no grupo do Pensamento Nacional das Bases Empresariais (PNBE).

Em seu trabalho de mediação, as relações públicas devem zelar para que os valores éticos sejam considerados como norteadores na busca do diálogo e da negociação, usando a transparência e a verdade como princípio balizador. O discurso por elas produzido tem de ser regido pela integridade, isto é, pela coerência entre o que se diz e o que se faz no dia-a-dia das organizações.

VI. FORMAÇÃO E RECICLAGEM DO PROFISSIONAL

As relações públicas devem sintonizar-se com a modernidade e assimilar uma "nova cultura", atualizando seus conceitos e revendo os paradigmas vigentes. Para que elas possam realmente atuar com eficácia no contexto das organizações modernas, terão de sair da fragmentação e partir para a globalização da comunicação. Elas não podem agir isoladamente, mas têm de fazer parte do composto da comunicação integrada.

Esta, como já dissemos de outra forma, inclui, sinergicamente: a comunicação administrativa (redes formal e informal; fluxos descendente, ascendente e horizontal); a comunicação institucional (relações públicas, jornalismo, editoração, propaganda institucional, identidade corporativa e visual, marketing social e marketing cultural); e a comunicação mercadológica (propaganda comercial, promoção de vendas, merchandising, venda pessoal, demonstração de produtos, exposições e feiras comerciais, treinamento de vendedores, assessoria aos clientes, assistência técnica no pós-venda).[27]

Qualquer trabalho de relações públicas só será bem-sucedido se for bem planejado e bem executado no contexto de uma comunicação sistematizada. Faz-se necessário estabelecer nas organizações uma política clara de comunicação com os diferentes segmentos de públicos, atuando as diversas subáreas de forma unida e, ao mesmo tempo, da maneira mais profissional possível. Acreditamos firmemente que a comunicação assim vista é o instrumento mais eficaz para criar um conceito e um posicionamento favorável de uma organização. Ela, além de evitar a duplicidade de esforços e a dispersão de recursos humanos e materiais, é uma excelente oportunidade para incentivar trabalhos interdisciplinares e multidisciplinares, por meio de ações conjuntas. Para aceitar e vencer os desafios do mundo contemporâneo, necessitamos somar esforços e realizar projetos integrados. O isolamento e o individualismo têm de ser abandonados, diante da complexidade dos problemas a enfrentar.

O planejamento, a comunicação e as relações públicas deverão constituir um tripé capaz de sustentar e direcionar os atos comunicativos de uma organização.

VII. O PROFISSIONAL DE RELAÇÕES PÚBLICAS MODERNO

Marshall Berman transmite-nos uma conceituação compacta, precisa e forte desse tipo de experiência vital que ele designa como "modernidade".

Ser moderno é viver uma vida de paradoxo e contradição. É sentir-se fortalecido pelas imensas organizações burocráticas que detêm o poder de controlar e, freqüentemente, destruir comunidades, valores, vidas; e ainda sentir-se compelido a enfrentar essas forças, a lutar para mudar o "seu" mundo, transformando-o em "nosso" mundo. É ser ao mesmo tempo revolucionário e conservador: aberto a novas possibilidades de experiência e aventura, aterrorizado pelo abismo niilista ao qual tantas das aventuras modernas conduzem, na expectativa de criar e conservar algo real, ainda quanto tudo em volta se desfaz. (...).

Ser moderno é encontrar-se em um ambiente que promete aventura, poder, alegria, crescimento, autotransformação e transformação das coisas em redor – mas ao mesmo tempo ameaça destruir tudo o que temos, tudo o que sabemos, tudo o que somos. A experiência ambiental da modernidade anula todas as fronteiras geográficas e raciais, de classe e nacionalidade, de religião e ideologia: nesse sentido, pode-se dizer que a modernidade une a espécie humana. Porém, é uma unidade parodoxal, uma unidade de desunidade: ela nos despeja a todos em um turbilhão de permanente desintegração e mudança, de luta e contradição, de ambigüidade e angústia.[28]

Nesse contexto, o profissional de relações públicas "moderno" tem de ser um "revolucionário", saindo da passividade para a administração ativa do processo comunicacional, posicionando-se como um estrategista e não apenas como um mero reprodutor de recados da organização, procurando aplicar os princípios da comunicação simétrica de duas mãos.

Para Mello e Souza:[29]

[O] homem moderno [é] um ser social que não aceita a sabedoria implícita nas tradições, questiona sua validade, desacerta-se com seu presente, decidindo-se a buscar a verdade em novos desdobramentos da ciência e da filosofia, entendidas como formas de conhecimento superiores a tudo o que o passado havia consagrado como "verdade". Acima de tudo, nele percebem o tipo humano inquieto, confiante na inteligência humana, na razão, para desvendar os enigmas da vida.

Finalmente, as relações públicas devem ter por bússola a dimensão futura, espelhada na criticidade com respeito ao presente e no estudo do que se deve desejar de melhor para a atuação profissional, buscando o equilíbrio entre a modernidade técnica e a modernidade ética, para ajudar a construir uma sociedade melhor e mais justa.

REFERÊNCIAS BIBLIOGRÁFICAS E NOTAS EXPLICATIVAS

1. IANNI, Octávio. "Nação: província da sociedade global." *In:* SANTOS, Milton *et alii* (orgs.). *Território, globalização e fragmentação*, p. 77.
2. MATTELART, Armand. *Comunicação-mundo*: história das idéias e estratégias, pp. 246-297.
3. MELLO E SOUSA, Nelson. *Modernidade*: desacertos de um consenso, pp. 13-30.
4. BUARQUE, Cristóvam. *A revolução nas prioridades*: da modernidade técnica à modernidade ética, p. 14.
5. CANCLINI, Néstor G. *Culturas híbridas*: estrategias para entrar y salir de la modernidad.
6. MELLO E SOUZA, Nelson. *Op. cit.*, pp. 31 e 33.
7. Nesta obra, ao falarmos de "homem", entendam-se o homem e a mulher ou, de forma genérica, o ser humano.
8. KUNSCH, Margarida Maria Krohling. *Universidade e comunicação na edificação da sociedade*, p. 26.
9. MELO, Leonel Itaussu de A. "Política." *In:* AJZENBERG, Elza. *Comunicações e artes em tempo de mudança*: Brasil, 1966-1991, p. 25.
10. Cf. THUROW, Lester. *Cabeça a cabeça*: a batalha econômica entre Japão, Europa e Estados Unidos, pp. 33-34.
11. GIDDENS, Anthony. *As conseqüências da modernidade*, pp. 69-70.
12. COUTINHO, Luciano. "Ciência e tecnologia." *In:* AJZENBERG, Elza. *Op. cit.*, p. 36.
13. COUTINHO, Luciano. "Ciência e tecnologia." *In:* AJZENBERG, Elza. *Op cit.*
14. BUARQUE, Cristóvam. *Op. cit.*, p. 126.
15. INKELES, Alex. *Tornando-se moderno*: as transformações individuais ocorridas em seis países em desenvolvimento, p. 15.
16. Vide também nosso artigo "O ambiente global". *In:* revista *Comunicação Empresarial*. São Paulo, Aberje, ano 6, nº 19, 2º trimestre de 1996, pp. 16-19.
17. JORGE, Miguel. "Os desafios da comunicação." *Op. cit.*, pp. 167-168.

18. CHILDS, Harwood L. "O problema básico das relações públicas." *In:* SIMON, Raymond. *relações públicas:* perspectivas de comunicação, p. 71.

19. DRUCKER, Peter Ferdinand. *A sociedade pós-capitalista*, pp. 67-71.

20. SCANLAN, Burt K. *Princípios de administração e comportamento organizacional*, p. 52. Vide também nosso artigo "O ambiente global", já citado, no qual mostramos que a ação empresarial sobre as questões ambientais é uma premissa da globalização dos mercados e um desafio para a comunicação.

21. GONÇALVES, Ernesto Lima. "Um novo instrumento de gestão empresarial: o balanço social na empresa." *In: Revista de Administração*, out.-dez. de 1979, pp. 73-83.

22. DIAS, José Maria A.M. *Responsabilidade social:* a empresa hoje, p. 221.

23. ZULZKE, Maria Lúcia. *Abrindo a empresa para o consumidor:* a importância de um canal de atendimento, p. 43.

24. HUNT, Todd e GRUNIG, James E. *Public relations techniques*, p. 10.

25. NASH, Laura L. *Ética nas empresas:* boas intenções à parte, p. 7.

26. TEIXEIRA, Nelson Gomes (org.). *A ética no mundo da empresa.*

27. KUNSCH, Margarida Maria Krohling. *Planejamento de relações públicas na comunicação integrada*, pp. 107-114.

28. BERMAN, Marshall. *Tudo o que é sólido se desmancha no ar*, pp. 13 e 15.

29. MELLO E SOUSA, Nelson. *Op. cit.*, p. 78.

CONCLUSÃO GERAL

Cada vez mais se evidencia o fato de que a comunicação organizacional como um todo, incluindo a institucional, a mercadológica e a interna, é o melhor caminho para formar e consolidar um bom conceito para empresas, produtos e serviços. A comunicação integrada passa a ser uma arma estratégica para a sobrevivência e o desempenho de uma organização em uma realidade complexa e que se altera de forma muito rápida.

Hoje em dia, não é possível mais pensar, por exemplo, em realizar uma brilhante assessoria de imprensa, criar campanhas retumbantes ou produzir peças publicitárias impactantes de forma isolada, sem o envolvimento de todas as subáreas da comunicação organizacional.

Para que as relações públicas possam realmente atuar com eficácia no contexto das organizações modernas, elas terão de sair da fragmentação para a globalização da comunicação. As tendências apontam para sua valorização no contexto da comunicação integrada. De todas as profissões, é ela que, pelo processo histórico de sua formação, tem por obrigação estar mais apta para administrar a comunicação organizacional. Mas, infelizmente, criou-se uma visão muito distorcida do potencial dessa área no Brasil. Sua atividade tem de ser encarada como uma função estratégica, não como algo periférico e cosmético, mas como um valor econômico, não como despesa, mas como investimento.

Faz-se necessário libertar as relações públicas, urgentemente, das amarras de uma regulamentação inócua que obstruiu seu crescimento natural e livre. A lei n⁰ 5.377 não contribuiu senão para fomentar o excesso de protecionismo e corporativismo no país. E levou-nos, a todos nós, a gastar grande parte de nossas energias e a consumir um tempo incomensurável com discussões que poderiam ter sido canalizadas para se pensar no aperfeiçoamento de nossa atividade, como o começou a fazer tão bem o "Grupo de relações públicas" na década de 1950.

Esta obra levou-nos a repensar as relações públicas no Brasil. Elas têm uma história, que deve ser resgatada. Desempenham uma função, que precisa ser redimensionada e aprofundada, para que elas se posicionem de forma mais científica e mais arrojada diante das transformações do mundo. Representam uma profissão que carece de aperfeiçoamento, a fim de que seus atores se distingam pela competência e pela qualidade em um mercado que, não obstante a competição acirrada, é promissor. Gozam de um *status* e um valor nas esferas privada e pública, que é necessário polir e lustrar.

São tarefas que cabem a todos os agentes envolvidos, para que a área se fortaleça e passe a ocupar seu espaço no contexto de uma comunicação "simétrica" e "excelente", no âmbito das organizações.

BIBLIOGRAFIA

ANDRADE, C. Teobaldo de Souza. *Panorama histórico de relações públicas.* 2ª ed. São Paulo, Com-Arte, 1973.

_____. *Psico-sociologia das relações públicas.* 2ª ed. São Paulo, Loyola, 1989.

_____. *Para entender relações públicas.* 4ª ed. São Paulo, Loyola, 1993.

ANSOFF, Igor *et alii. Do planejamento estratégico à administração estratégica.* São Paulo, Atlas, 1981.

_____. *Implantando a administração estratégica.* São Paulo, Atlas, 1993.

BECERRA, Nelly Amélia Pajuelo. *Perfil das relações públicas na América Latina.* São Paulo, ECA-USP, 1983. Dissertação de mestrado.

BERMAN, Marshall. *Tudo o que é sólido desmancha no ar*: a aventura da modernidade. 3ª ed. Tradução de Carlos Felipe Moisés e Ana Maria Ioriatti. São Paulo, Companhia das Letras, 1986.

BERNAYS, Edward L. *Los años últimos*: radiografía de las relaciones públicas – 1956-1986. Barcelona, Promociones y Publicaciones Universitarias, Colección Comunicación y Relaciones Públicas, 1990.

BORDOW, Allan, MORDEN, ELizabeth. *Managing organizational communication.* 2ª ed. Melbourne, Longman, 1992.

BOTAN, Carl. "Theory development in public relations." *In:* BOTAN, Carl e HAZLETON Jr., Vincent. *Public relations theory.* Hillsdale, Erlbaum, 1989.

BOTAN, Carl H. e HAZLETON Jr., Vincent (orgs.). *Public relations theory.* Hillsdale, Erlbaum, 1989.

BUARQUE, Cristóvam. *A revolução nas prioridades*: da modernidade técnica à modernidade ética. São Paulo, Paz e Terra, 1994.

CABRAL, Valéria. *Aberje*: alguns subsídios para reflexão de sua cultura organizacional. São Paulo, ECA-USP, 1996. Cópia de computador.

CHAVES, Sylla M. *Aspectos de relações públicas.* Rio de Janeiro, DASP, 1963.

CHILDS, Harwood L. "O problema básico das relações públicas." *In:* SIMON, Raymond. *Relações públicas*: perspectivas de comunicação. Tradução de Augusto Reis. São Paulo, Atlas, 1972.

CANCLINI, Néstor García. *Culturas híbridas*: estrategias para entrar y salir de la modernidad. México, Grijalbo, 1989.

CANTOR, Bill (org.). 2ª ed. *Experts in action*: inside public relations. White Plains, Longman, 1989.

CAPOZOLI, Ulisses. "Morre Kuhn, o filósofo que reformulou a ciência." *In: O Estado de S. Paulo*, 29.06.1996, p. A-18.

CORMAN, Steven R., BANKS, Stephen P., BANTZ, Charles R. e MAYER, Michael E. *Foundations of organizational communication*: a reader. New York/London, Longman, 1990.

CORRADO, Frank M. *A força da comunicação*: quem não se comunica... São Paulo, Makron Books, 1994.

COUTINHO, Luciano. "Ciência e tecnologia." *In:* AJZENBERG, Elza. *Comunicações e Artes em tempo de mudança*: Brasil, 1966-1991. São Paulo, ECA-USP, 1991.

CUTLIP, Scott M., CENTER, Allen H. e BROOM, Glen M. *Effective public relations*. 6ª ed. Englewood Cliffs, Prentice-Hall, 1985.

DEMO, Pedro. *Metodologia científica em ciências sociais*. 2ª ed. São Paulo, Atlas, 1989.

DIAS, José M. *Responsabilidade social*: a empresa hoje. São Paulo, LTC, 1986.

DOTY, Dorothy I. *Divulgação jornalística e relações públicas*: comunicação empresarial na prática. Tradução de Nemércio Nogueira. São Paulo, Cultura, 1995.

DOWNS, Carl W. *Communication audits*. Glenview, Scott/Foresman, 1988.

DRUCKER, Peter. *Sociedade pós-capitalista*. 4ª ed. Tradução de Nivaldo Montingelli Jr. São Paulo, Pioneira, 1993.

EHLING, William P., WHITE, John e GRUNIG, James E. "Public relations and marketing practices." *In:* GRUNIG, James E. (org.). *Excellence in public relations and communication management*. Hillsdale, Erlbaum, 1992.

FARO, J. Salvador. "A comunicação populista no Brasil: o DIP e a Secom." *In:* MARQUES DE MELO, José (org.). *Populismo e comunicação*. São Paulo, Cortez, 1981.

FIUR, Merton. "Public relations faces the 21st century." *In:* HIEBERT, R. Eldon (org.). *Precision public relations*. White Plains, Longman, 1988.

FREITAS, Sidinéia Gomes. "Repensando a profissão ou um réquiem para relações públicas." *In:* boletim *Conrerp em Ação*. São Paulo, Conrerp, julho de 1994.

GAJ, Luiz. *Administração estratégica*. São Paulo, Ática, 1987.

GASPAR, Agostinho. Apud: LEITE, Roberto. "Comunicação total." *In:* revista *Imprensa*. São Paulo, Feeling, ano IX, nº 106, julho de 1996.

GIANGRANDE, Vera. "O profissional de RP precisa ter uma visão estratégica." *In: Revista de Comunicação*. Rio de Janeiro, Coca-Cola, ano 10, nº 36, maio de 1994.

GIDDENS, Anthony. *As conseqüências da modernidade*. São Paulo, Unesp, 1991.

GOLDHABER, Gerald M. *Comunicación organizacional*. México, Diana, 1984.

GONÇALVES, Ernesto Lima. "Um novo instrumento de gestão empresarial: o balanço social na empresa." *In: Revista de Administração*. São Paulo, FEA-USP, vol. 14, nº 2, out.-dez. de 1979.

GRACIOSO, Francisco. *Propaganda institucional*: nova arma estratégica da empresa. São Paulo, Atlas, 1995.

GRUNIG, James E. "Symmetrical presuppositions as a framework for public relations theory." *In:* BOTAN, Carl H. e HAZLETON Jr., Vincent. *Public relations theory*. Hillsdale, Erlbaum, 1989.

GRUNIG, James E. (org.). *Excellence in public relations and communication management*. Hillsdale, Erlbaum, 1992.

GRUNIG, James E. e GRUNIG, Larissa. "Models of public relations and communication." *In:* GRUNIG, James E. (org.). *Excellence in public relations and communication management*. Hillsdale, Erlbaum, 1992.

GRUNIG, James E. e HUNT, Todd. *Managing public relations*. New York, Holt, Rinehart & Winston, 1984.

GURGEL, J. Bosco Serra. *Cronologia da evolução histórica das relações públicas*. 3ª ed. Brasília, Linha, 1985.

HALIIDAY, Tereza Lúcia. "Paradigmas de pesquisa e metodologias." *In: Anais do I Simpósio Norte-Nordeste de Pesquisa em Comunicação*. Recife, Intercom e Curso de Mestrado em Comunicação Rural da Universidade Federal de Pernambuco, 18-20 de maio de 1988, [s.p.].

HARIS, Thomas. *The marketer's guide to public relations*: how today's top companies are using the new PR to gain a competitive edge. New York, John Wiley & Sons, 1991.

HERMOSA, Jaime del Castillo, ESTEBAN, María M. Bayón e ARRUE, Rosa. *La empresa ante los medios de comunicación*. Madrid, Deusto, [s/d].

HIEBERT, Ray E. *Precision public relations*. White Plains, Longman, 1988.

HUNT, Todd e GRUNIG, James E. *Public relations techniques*. Fort Worth, Harcourt Brace, 1994.

IANHEZ, João Alberto. "Desregulamentação." *In:* boletim *Conrerp em ação*. São Paulo, Conrerp, junho de 1993.

_____. "Relações públicas como ferramenta de administração." *In:* revista *Mercado global*. São Paulo, Central Globo de Marketing, ano XXI, nº 93, 1º trimestre de 1994.

_____. "Relações públicas e as organizações no ano 2000." *In:* revista *Mercado Global*, ano XXI, nº 96, 4º trimestre de 1994.

IANNI, Octávio. *A sociedade global*. 2ª ed. Rio de Janeiro, Civilização Brasileira, 1993.

_____. *Teorias da globalização*. 2ª ed. Rio de Janeiro, Civilização Brasileira, 1996.

_____. "Nação: província da sociedade global?" *In:* SANTOS, Milton *et alii*. *Território, globalização e fragmentação*. São Paulo, Hucitec, 1994.

INKELES, Alex. *Tornando-se moderno*: as transformações individuais ocorridas em seis países em desenvolvimento. Brasília, UnB, 1981.

JAMESON, Samuel Haig. *Relações públicas*. 2ª ed. Rio de Janeiro, FGV, 1962.

JORGE, Miguel. "Os desafios da comunicação." *In:* DINES, Alberto e MALIN, Mauro (orgs.). *Jornalismo brasileiro*: no caminho das transformações. Brasília, Banco do Brasil e Laboratório de Estudos Avançados em Jornalismo (Labjor) da Unicamp, 1996.

JUNYENT, Josep Balcells i. *La investigación social*: introducción a los métodos y las técnicas. Barcelona, ESRP/PPU/Poblagràfic, 1994.

KERLINGER, Fred N. *Metodologia da pesquisa em ciências sociais*: um tratamento conceitual. Tradução de Helena Mendes Rotundo. 4ª reimpressão. São Paulo, EPU, 1980.

KOTLER, Philip. *Marketing*. São Paulo, Atlas, 1980.

_____. *Administração de marketing*: análise, planejamento, implantação e controle. 3ª ed. São Paulo, Atlas, 1992.

KOTLER, Philip e ROBERTO, Eduardo L. *Marketing social*: estratégias para alterar o comportamento público. Tradução de José R. Azevedo e Elizabethe M. Braga. Rio de Janeiro, Campus, 1992.

KUHN, Thomas. *A estrutura das revoluções científicas*. 3ª ed. Tradução de Beatriz V. Boeira e Nelson Boeira. São Paulo, Perspectiva, 1994.

KREEPS, Gary L. *Organizational communication*. 2ª ed., New York/London, Longman, 1990.

KUNSCH, Margarida Maria Krohling. "Relações Públicas comunitárias: um desafio." *In:* revista *Comunicação e Sociedade*. São Bernardo do Campo, IMS, ano VI, nº 11, junho de 1984.

_____. "Propostas alternativas de relações públicas." *In Revista Brasileira de Comunicação*. São Paulo, Intercom, ano X, nº 57, jul.-dez. de 1987.

_____. *Universidade e comunicação na edificação da sociedade*. São Paulo, Loyola, 1992.

_____. "Comunicação e cidadania." *In:* revista *Comunicação Empresarial*. São Paulo, Aberje, ano 4, nº 13, 3º trimestre de 1994, pp. 10-12.

_____. *Planejamento de relações públicas na comunicação integrada*. 3ª ed. São Paulo, Summus, 1995.

_____. "O ambiente global." *In:* revista *Comunicação Empresarial*. São Paulo, Aberje, ano 6, nº 19, 2º trimestre de 1996, pp. 16-19.

_____. *As relações públicas e suas interfaces com a comunicação organizacional no Brasil*. São Paulo, ECA-USP, 1996. Tese de livre-docência.

_____. (org.). *Obtendo resultados com relações públicas*. São Paulo, ABERP/Pioneira, 1997.

LEITE, R. de Paula. *Relações públicas*. São Paulo, Bushatsky, 1971.

LESLY, Philip. *Os fundamentos de relações públicas e da comunicação*. São Paulo, Pioneira, 1995.

LINDEBORG, Richard. "Excellent communication." *In:* revista *Public Relations Quarterly*. New York, Precis Syndicate, vol. 39, nº 1, primavera de 1994.

MALANGA, Eugênio. *Publicidade*: uma introdução. São Paulo, Atlas, 1976.

MARQUES DE MELO, José (org.). *Populismo e comunicação*. São Paulo, Cortez, 1981.

_____. (org.). *Pesquisa em comunicação no Brasil*: tendências e perspectivas. São Paulo, Intercom/CNPq/Cortez, 1983.

_____. "Relações públicas: essência e aparência." *In:* PERUZZO, Cicília Maria Krohling. *Relações públicas no modo de produção capitalista.* 2ª ed. São Paulo, Summus, 1986. Prefácio.

MATTELART, Armand. *Comunicação-mundo*: história das idéias e estratégias. Tradução de Guilherme J. de Freitas Teixeira. Petrópolis, Vozes, 1994.

MEDITSCH, Eduardo. *O conhecimento do jornalismo.* Florianópolis, UFSC, 1992.

MEGALE, Januário Francisco. *Introdução às ciências sociais*: roteiro de estudo. 2ª ed. São Paulo, Atlas, 1990.

MELO, L. Itaussu de A. "Política". *In:* AJZENBERG, Elza. *Comunicações e Artes em tempo de mudança*: Brasil, 1966-1991. São Paulo, ECA-USP, 1991.

MELLO E SOUSA, Nelson. *Modernidade*: desacertos de um consenso. Campinas, Unicamp, 1994.

MUYLAERT, Roberto. *Marketing cultural*: comunicação dirigida. São Paulo Globo, 1993.

NASH, Laura L. *Ética nas empresas*: boas intenções à parte. São Paulo, Makron, 1993.

NASSAR, Paulo. "Muito além do marketing." *In:* jornal *Diário Comércio & Indústria*, 16 de janeiro de 1997.

NASSAR, Paulo e FIGUEIREDO, Rubens. *Comunicação Empresarial.* São Paulo, Brasiliense, 1995.

NEWSOM, Doug, SCOTT, Alan e TURK, J. Van Slyke. *This is PR*: the realities of public relations. Belmont, Wadsworth, 1981.

NEWSOM, Doug e CARREL, Bob. *Public relations writing*: form and style. 3ª ed. Belmont, Wadsworth, 1991.

NOGUEIRA, Nemércio. *Opinião pública e democracia*: desafios à empresa. São Paulo, Nobel, 1986.

NOGUERO, Antonio. *Programación y técnicas de relaciones públicas.* Barcelona, ESRP-PPU, Colección Comunicación y Relaciones Públicas, 1988.

_____. *Relaciones públicas e industria de la persuasión.* 2ª ed. Barcelona, ESRP-PPU Colección Comunicación y Relaciones Públicas, 1990.

OLIVEIRA, José Xavier. *Usos e abusos de relações públicas.* Rio de Janeiro, FGV, 1971.

PARÉS I MAICAS, Manuel. *La nueva filantropía y la comunicación social*: mecenazgo, fundación y patrocinio. 2ª ed. Barcelona, ESRP-PPU Colección Comunicación y Relaciones Públicas, 1994.

PERUZZO, Cicilia Maria Krohling. *Relações públicas no modo de produção capitalista.* 2ª ed. São Paulo, Summus, 1986.

RAMPAZZO, Glinei. "A imagem oficial, retocada para o consumo." *In:* jornal *O Estado de S. Paulo.* São Paulo, 16 de outubro de 1967.

REDFIELD, Charles E. *Comunicações administrativas.* 4ª ed. Rio de Janeiro, FGV, 1980.

RIEL, Cees B. M. van. *Principles of corporate communication.* Hemel Hempstead, Prentice-Hall, 1995.

ROGERS, Everett M. e AGARWALA-ROGERS, Rekha. *La comunicación en las organizaciones.* México, McGraw-Hill, 1980.

SANTOS, Milton *et alii* (orgs.). *Território, globalização e fragmentação.* São Paulo, Hucitec, 1994.

SCANLAN, Burt K. *Princípios de administração e comportamento organizacional.* Trad. de Carlos de Araújo. São Paulo, Atlas, 1979.

SCHULTZ, Don E. *et alii. O novo paradigma do marketing*: como obter resultados mensuráveis através do uso do database e das comunicações integradas de marketing. São Paulo, Makron, 1994.

SEITEL, Fraser P. *The practice of public relations.* 6th. ed. Englewood Cliffs, Prentice-Hall, 1995.

SHOCKLELY-ZALABAK, Pamela. *Fundamentals of organizational communication*: knowledge, sensitivity, skills, values. 2ª ed. New York/London, Longman, 1991

SKIDMORE, Thomas E. *Brasil*: de Castelo a Tancredo – 1964-1985. Rio de Janeiro, Paz e Terra, 1988.

SIMÕES, Roberto Porto. *Relações públicas*: função política. 3ª ed. São Paulo, Summus, 1995.

SIMON, Raymond. *Relaciones públicas*: teoría y práctica. México, Limusa/Noriega, 1994.

SPEERS, Nelson. "Recordando 25 anos da ABRP e de relações públicas também." *In:* ANDRADE, C. T. de Souza. *Guia brasileiro de relações públicas*. Novo Hamburgo, Feevale, 1981.

TAVARES, Mauro C. *Planejamento estratégico*: a opção entre o sucesso e o fracasso empresarial. São Paulo, Habras, 1991.

TEIXEIRA, N. Gomes. *A ética no mundo da empresa*. São Paulo, Pioneira, 1991.

THAYER, Lee O. *Comunicação:* fundamentos e sistemas na organização, na administração, nas relações interpessoais. São Paulo, Atlas, 1976.

THOMAZI, Maria Stella. *Contribuição da Associação Brasileira de Relações Públicas para a profissão de relações públicas no Brasil*. São Bernardo do Campo, IMS, 1985. Dissertação de mestrado.

_____. *O ensino e a pesquisa em relações públicas no Brasil e sua repercussão na profissão*. São Paulo, ECA-USP, 1993. Tese de doutorado.

THUROW, Lester. *Cabeça a cabeça*: a batalha econômica entre Japão, Europa e Estados Unidos. Rio de Janeiro, Rocco, 1993.

TOLEDO DE CAMARGO, J. M. "Publicidade comercial e comunicação do governo." *In: Seminário de reciclagem de mídia*. São Paulo. ABA, 1977.

TORQUATO DO REGO, Francisco Gaudêncio. "Jornalismo empresarial: objetivos, métodos e técnicas." *In Cadernos Proal*. São Paulo, Cepeje, nº 1, junho de 1971.

_____. "Jornalismo empresarial: lições da experiência." *In: Cadernos Proal*. São Paulo, Cepeje, nº 4, 1972.

_____. *Jornalismo empresarial*. São Paulo, Summus, 1984.

_____. *Comunicação empresarial/comunicação institucional*: conceitos, estratégias, sistemas, estruturas, planejamento e técnicas. São Paulo, Summus, 1986.

TOURAINE, Alain. *Crítica da modernidade*. Trad. de Elia Ferreira Edel. Petrópolis, Vozes, 1994.

VALENÇA, J. Rolim. "Relações públicas: concorrente e aliada." *In:* BRANCO, R. C. *et alii*. *História da propaganda no Brasil*. São Paulo, Queiroz, 1990.

_____. "R.P. em tempos de mercado global. A proteção que virou canibalismo." *In: Conrerp em Ação*. Boletim do Conselho Regional de Profissionais de Relações Públicas (Conrerp) da 2ª Região (São Paulo e Paraná). São Paulo, Conrerp, ano 4, nº 3, outubro de 1995, pp. 1-2.

VALENTE, Célia e NORI, Walter. *Portas abertas*. A experiência da Rhodia: novos caminhos da comunicação social na empresa moderna. São Paulo, Best Seller, 1990.

WEY, Hebe. *O processo de relações públicas*. São Paulo, Summus, 1986.

WHITE, John e MAZUR, Laura. *Strategic communication management*. Cambridge, University Press, 1994.

WILCOX, Dennis L., AULT, Philip M. e AGEE, Warrenk. *Public relations strategies and tactics*. 4ª ed. New York, Harper Collins, 1995.

ZULZKE, Maria Lúcia. *Abrindo a empresa para o consumidor*: a importância de um canal de atendimento. Rio de Janeiro, Qualitymark, 1991.

Publicações de entidades

ABA. *Seminário de Reciclagem de Mídia*. São Paulo, Associação Brasileira de Anunciantes (ABA), 1977.

ABAPE. *Press-release* datilografado relativo à I Convenção Nacional de Editores e Revistas e Jornais de Empresa. São Paulo, Associação Brasileira de Administração de Pessoal (Abape), 8 de outubro de 1967.

ABERJE. *Seminário Nacional de Comunicação Interna*. São Paulo, Aberje (Série Documentos de Comunicação Empresarial), 1991. Anais do seminário (23 de abril de 1991).

_____. "A comunicação empresarial e a colcha heterogênea da nossa economia." *In: Aberje*: 20 anos da comunicação empresarial no Brasil. São Paulo, Aberje/ Bandeirante, 1987.

_____. *I Encontro Internacional de Comunicação Empresarial*. São Paulo, Aberje/ Fiesp-Ciesp/IRS, Série Documentos de Comunicação Empresarial, [s/d]. Anais do encontro (São Paulo, 19-20 de novembro de 1990).

_____. *Seminário Nacional de Comunicação Interna*. São Paulo, Aberje, Série Documentos de Comunicação Empresarial, [s/d]. Anais do seminário (Rio de Janeiro, 23 de abril de 1991).

_____. *O negócio da comunicação*. São Paulo, Aberje, Série Documentos de Comunicação Empresarial, [s/d]. Anais do Encontro de Comunicação Empresarial (Campinas, 20 de agosto de 1991).

_____. *Palestras e debates*. São Paulo, Aberje, Série Documentos de Comunicação Empresarial, [s/d]. Anais dos eventos de 1991.

_____. *Plano estratégico da Aberje – triênio 1996-1998*. São Paulo, 1996.

_____. *Prêmio Aberje 96 – Regional e Brasil*. São Paulo, 1996. Regulamento do concurso.

_____. "Sinal dos tempos." *In:* revista *Comunicação Empresarial*. São Paulo, Aberje, ano 6, nº 21, 4º trimestre de 1996, pp. 14-16.

_____. *Mailing*. São Paulo, Aberje, 1996

ABERP. *A atividade empresarial de relações públicas*. São Paulo, Aberp, 1984.

CONRERP. *Legislação de relações públicas*. 5ª ed. Rio de Janeiro, Conrerp da 1ª Região (Estado do Rio de Janeiro), 1993.

EDITORA VOZES. "Decreto Inter mirifica." *In: Documentos pontifícios, 145*. Petrópolis, Vozes, [s/d].

FAMECOS. Faculdade dos Meios de Comunicação Social da Pontifícia Universidade Católica do Rio Grande do Sul. *Paradigmas no ensino das relações públicas*. Novo Hamburgo, Feevale, 1993. Seminário para professores de relações públicas.

Periódicos

AÇÃO. "Aberje on-line." Boletim *Ação*. São Paulo, Aberje, [s.n.], 10 de junho de 1996.

CADERNOS PROAL. São Paulo, Cepeje/Proal – Programação e Assessoria Editorial S.C., nº 1, junho de 1971; nº 2, novembro de 1971; nº 3, outubro de 1972; nº 4, [s/d].

CADERNOS DE COMUNICAÇÃO PROAL. São Paulo, Proal – Editora e Comunicações Proal Ltda., nº 1, 1977; nº 2, 1977; nº 3, 1978; nº 4, 1978.

COMUNICAÇÃO EMPRESARIAL. "Sinal dos tempos." *In:* revista *Comunicação Empresarial*. São Paulo, Aberje, ano 6, nº 21, 4º trimestre de 1996, pp. 14-16.

CONRERP EM AÇÃO. Boletim do Conrerp da 2ª Região (São Paulo e Paraná). São Paulo, Conrerp, ano 2, nº 3, junho de 1993; ano 2, nº 4, agosto de 1993; edição especial, ano 2, outubro de 1993; [s.n.], julho de 1994.

DIÁRIO OFICIAL DA UNIÃO. Brasília, 12 de setembro de 1996.

RPensando. Boletim do Curso de Relações Públicas da Escola de Comunicações e Artes da Universidade de São Paulo. São Paulo, ECA-USP, ano III, jan.-jun. de 1996.

REVISTA ABERJ. São Paulo, Aberje, 1987.

REVISTA DE COMUNICAÇÃO. *A cultura brasileira de propaganda e relações públicas*. Rio de Janeiro, Coca-Cola, ano 10, nº 36, maio de 1994.

NOVAS BUSCAS EM COMUNICAÇÃO
VOLUMES PUBLICADOS

1. *Comunicação: teoria e política* — José Marques de Melo.
2. *Releasemania — uma contribuição para o estudo do press-release no Brasil* — Gerson Moreira Lima.
3. *A informação no rádio — os grupos de poder e a determinação dos conteúdos* — Gisela Swetlana Ortriwano.
4. *Política e imaginário nos meios de comunicação para massas no Brasil* — Ciro Marcondes Filho (organizador).
5. *Marketing político e governamental — um roteiro para campanhas políticas e estratégias de comunicação* — Francisco Gaudêncio Torquato do Rego.
6. *Muito além do Jardim Botânico — um estudo sobre a audiência do Jornal Nacional da Globo entre trabalhadores* — Carlos Eduardo Lins da Silva.
7. *Diagramação — o planejamento visual gráfico na comunicação impressa* — Rafael Souza Silva.
8. *Mídia: o segundo Deus* — Tony Schwartz.
9. *Relações públicas no modo de produção capitalista* — Cicilia Krohling Peruzzo.
10. *Comunicação de massa sem massa* — Sérgio Caparelli.
11. *Comunicação empresarial/comunicação institucional — Conceitos, estratégias, planejamento e técnicas* — Francisco Gaudêncio Torquato do Rego.
12. *O processo de relações públicas* — Hebe Wey.
13. *Subsídios para uma Teoria da Comunicação de Massa* — Luiz Beltrão e Newton de Oliveira Quirino.
14. *Técnica de reportagem — notas sobre a narrativa jornalística* — Muniz Sodré e Maria Helena Ferrari.
15. *O papel do jornal — uma releitura* — Alberto Dines.
16. *Novas tecnologias de comunicação — impactos políticos, culturais e socioeconômicos* — Anamaria Fadul (organizadora).
17. *Planejamento de relações públicas na comunicação integrada* — Margarida Maria Krohling Kunsch.
18. *Propaganda para quem paga a conta — do outro lado do muro, o anunciante* — Plinio Cabral.
19. *Do jornalismo político à indústria cultural* — Gisela Taschner Goldenstein.
20. *Projeto gráfico — teoria e prática da diagramação* — Antonio Celso Collaro.
21. *A retórica das multinacionais — a legitimação das organizações pela palavra* — Tereza Lúcia Halliday.
22. *Jornalismo empresarial* — Francisco Gaudêncio Torquato do Rego.
23. *O jornalismo na nova república* — Cremilda Medina (organizadora).
24. *Notícia: um produto à venda — jornalismo na sociedade urbana e industrial* — Cremilda Medina.
25. *Estratégias eleitorais — marketing político* — Carlos Augusto Manhanelli.
26. *Imprensa e liberdade — os princípios constitucionais e a nova legislação* — Freitas Nobre.
27. *Atos retóricos — mensagens estratégicas de políticos e igrejas* — Tereza Lúcia Halliday (organizadora).

28. *As telenovelas da Globo — produção e exportação* — José Marques de Melo.
29. *Atrás das câmeras — relações entre cultura, Estado e televisão* — Laurindo Lalo Leal Filho.
30. *Uma nova ordem audiovisual — novas tecnologias de comunicação* — Cândido José Mendes de Almeida.
31. *Estrutura da informação radiofônica* — Emilio Prado.
32. *Jornal-laboratório — do exercício escolar ao compromisso com o público leitor* — Dirceu Fernandes Lopes.
33. *A imagem nas mãos — o vídeo popular no Brasil* — Luiz Fernando Santoro.
34. *Espanha: sociedade e comunicação de massa* — José Marques de Melo.
35. *Propaganda institucional — usos e funções da propaganda em relações públicas* — J. B. Pinho.
36. *On camera — o curso de produção de filme e vídeo da BBC* — Harris Watts.
37. *Mais do que palavras — uma introdução à teoria da comunicação* — Richard Dimbleby e Graeme Burton.
38. *A aventura da reportagem* — Gilberto Dimenstein e Ricardo Kotscho.
39. *O adiantado da hora — a influência americana sobre o jornalismo brasileiro* — Carlos Eduardo Lins da Silva.
40. *Consumidor* versus *propaganda* — Gino Giacomini Filho.
41. *Complexo de Clark Kent — são super-homens os jornalistas?* — Geraldinho Vieira.
42. *Propaganda subliminar multimídia* — Flávio Calazans.
43. *O mundo dos jornalistas* — Isabel Siqueira Travancas.
44. *Pragmática do jornalismo — buscas práticas para uma teoria da ação jornalística* — Manuel Carlos Chaparro.
45. *A bola no ar — o rádio esportivo em São Paulo* — Edileuza Soares.
46. *Relações públicas: função política* — Roberto Porto Simões.
47. *Espreme que sai sangue — um estudo do sensacionalismo na imprensa* — Danilo Angrimani.
48. *O século dourado — a comunicação eletrônica nos EUA* — S. Squirra.
49. *Comunicação dirigida escrita na empresa — teoria e prática* — Cleuza G. Gimenes Cesca.
50. *Informação eletrônica e novas tecnologias* — María-José Recoder, Ernest Abadal, Lluís Codina e Etevaldo Siqueira.
51. *É pagar para ver — a TV por assinatura em foco* — Luiz Guilherme Duarte.
52. *O estilo magazine — o texto em revista* — Sergio Vilas Boas.
53. *O poder das marcas* — J. B. Pinho.
54. *Jornalismo, ética e liberdade* — Francisco José Karam.
55. *A melhor TV do mundo — o modelo britânico de televisão* — Laurindo Lalo Leal Filho.
56. *Relações públicas e modernidade — novos paradigmas em comunicação organizacional* — Margarida Maria Krohling Kunsch.
57. *Radiojornalismo* — Paul Chantler e Sim Harris.
58. *Jornalismo diante das câmeras* — Ivor Yorke.
59. *A rede — como nossas vidas serão transformadas pelos novos meios de comunicação* — Juan Luis Cebrián.
60. *Transmarketing — estratégias avançadas de relações públicas no campo do marketing* — Waldir Gutierrez Fortes.
61. *Publicidade e vendas na Internet — técnicas e estratégias* — J. B. Pinho.
62. *Produção de rádio — um guia abrangente da produção radiofônica* — Robert McLeish.
63. *Manual do telespectador insatisfeito* — Wagner Bezerra.
64. *Relações públicas e micropolítica* — Roberto Porto Simões.
65. *Desafios contemporâneos em comunicação — perspectivas de relações públicas* — Ricardo Ferreira Freitas, Luciane Lucas (organizadores).
66. *Vivendo com a telenovela — mediações, recepção, teleficcionalidade* — Maria Immacolata Vassalo de Lopes, Silvia Helena Simões Borelli e Vera da Rocha Resende.
67. *Biografias e biógrafos — jornalismo sobre personagens* — Sergio Vilas Boas.
68. *Relações públicas na internet — Técnicas e estratégias para informar e influenciar públicos de interesse* — J. B. Pinho.
69. *Perfis — e como escrevê-los* — Sergio Vilas Boas.
70. *O jornalismo na era da publicidade* — Leandro Marshall.
71. *Jornalismo na internet* – J. B. Pinho.

------- dobre aqui -------

CARTA RESPOSTA
NÃO É NECESSÁRIO SELAR

O SELO SERÁ PAGO POR

AC AVENIDA DUQUE DE CAXIAS
01214-999 São Paulo/SP

------- dobre aqui -------

------ recorte aqui ------

CADASTRO PARA MALA-DIRETA

Recorte ou reproduza esta ficha de cadastro, envie completamente preenchida por correio ou fax, e receba informações atualizadas sobre nossos livros.

Nome: _____ Empresa: _____
Endereço: ☐ Res. ☐ Coml. _____ Bairro: _____
CEP: _____ - _____ Cidade: _____ Estado: _____ Tel.: ( ) _____
Fax: ( ) _____ E-mail: _____ Data de nascimento: _____
Profissão: _____ Professor? ☐ Sim ☐ Não Disciplina: _____

1. Você compra livros:
☐ Livrarias ☐ Feiras ☐ Correios ☐ Outros. Especificar: _____
☐ Telefone
☐ Internet

2. Onde você comprou este livro? _____

3. Você busca informações para adquirir livros:
☐ Jornais ☐ Amigos ☐ Internet ☐ Outros. Especificar: _____
☐ Revistas
☐ Professores

4. Áreas de interesse:
☐ Educação ☐ Administração, RH
☐ Psicologia ☐ Comunicação
☐ Corpo, Movimento, Saúde ☐ Literatura, Poesia, Ensaios
☐ Comportamento ☐ Viagens, Hobby, Lazer
☐ PNL (Programação Neurolingüística)

5. Nestas áreas, alguma sugestão para novos títulos?
_____

6. Gostaria de receber o catálogo da editora? ☐ Sim ☐ Não

7. Gostaria de receber o Informativo Summus? ☐ Sim ☐ Não

Indique um amigo que gostaria de receber a nossa mala-direta

Nome: _____ Empresa: _____
Endereço: ☐ Res. ☐ Coml. _____ Bairro: _____
CEP: _____ - _____ Cidade: _____ Estado: _____ Tel.: ( ) _____
Fax: ( ) _____ E-mail: _____ Data de nascimento: _____
Profissão: _____ Professor? ☐ Sim ☐ Não Disciplina: _____

Summus Editorial
Rua Itapicuru, 613 7º andar 05006-000 São Paulo - SP Brasil Tel. (11) 3872-3322 Fax (11) 3872-7476
Internet: http://wwww.summus.com.br e-mail: summus@summus.com.br

cole aqui